Blue Book of Voluntary Service in Shanghai (2023)

上海志愿服务
蓝皮书

（2023）

上海市精神文明建设委员会办公室／主编

上海人民出版社

主要编纂者简介

杨　雄：男，博士，上海市政协社会与法制委员会副主任，上海社会科学院社会学研究所研究员、兼任上海市志愿者协会副会长、上海市志愿服务研究中心执行主任、中国社会学会常务理事、中国社会学会青年社会学专业委员会理事长、国务院妇儿工委智库咨询专家、上海市消费者保护委员会常委等。主要研究领域：青年社会学、社会治理与社会调查研究、社会思潮与青年文化。曾主持国家哲学社会科学规划办、中央文明办、教育部、上海哲学社会科学规划办、国际奥委会等重要课题，并担任“上海志愿服务发展报告”课题组组长。主要代表作（专著）：《巨变中的中国社会》《巨变中的中国青年》《社会阶层新构成》《网络时代与社会管理》《中国青年发展演变研究》《青春与性》《激情与理性：中国青年知识分子激进主义思潮研究》等；论文：《努力走出一条符合特大城市特点和规律的社会治理新路》《关于重大决策与社会稳定风险评估思考》《独二代成长状况与未来家庭、社会的风险》等。曾获中央文明委授予的“全国未成年人思想道德先进个人”及“全国百名家庭教育公益人物”、“首届上海十大社会工作杰出人才”等荣誉称号。

裘晓兰：女，博士，上海社会科学院社会学研究所助理研究员，上海社会科学院日本研究中心研究员，“上海志愿服务发展报告”课题组副组长。主要研究领域：志愿服务、青少年问题、社会教育。主持承担国家哲学社会科学规划办、上海市浦江人才计划、上海哲学社会科学规划办等多项课题。主要代表作：《上海精神文明建设蓝皮书》（编委）、《上海志愿服务发展现状、问题与对策》、《上海民生民意报告》（合著）、《理论热点大碰撞》（2014、

2015）（合著）、《上海市校外教育：实践与创新》（编著）等。

魏莉莉：女，博士，上海社科院社会学研究所副研究员，“上海志愿服务发展报告”课题组核心成员。主要研究领域：青少年发展、青年价值观、家庭教育。主持国家社科基金青年项目“90后人才培养与我国未来国家竞争潜力研究”和“中国梦背景下‘90后’人生追求的现状、成因及培养策略研究”。主要代表作：《“90后”与未来国家竞争力》（专著，获上海市第十二届哲学社会科学优秀成果二等奖），《中国梦与“90一代”》；论文：《提升国家竞争潜力亟需变革家庭教养方式——基于上海市“90后”青少年成就动机的实证研究》《青年群体的代际价值观转变：基于“90后”与“80后”的比较》《高中生创造力危机及影响因素分析》《中国儿童政策发展趋势研究》等。

张虎祥：男，博士，上海社会科学院社会学研究所副研究员，上海市社区发展研究会副会长兼秘书长，“上海志愿服务发展报告”课题组核心成员。主要研究领域：志愿服务、社会治理、组织社会学。主要代表作：《中国社会治理转型及其三大逻辑》《街居制的制度演化及其实践逻辑：基于上海经验的研究》《从弥散到秩序：制度与生活视野下的中国社会变迁》（第三作者），《上海社会结构变迁十五年》（副主编），《中国社会治理转型（1978—2018）》（参编）、《中国社会变迁（1949—2019）》（参编）等。

摘　要

《上海志愿服务蓝皮书（2023）》由总报告、专题篇和案例篇三个部分构成，是一部反映上海志愿服务发展情况的蓝皮书。

总报告立足上海志愿服务发展实际，采用经验研究、实证研究、定性研究、大数据挖掘与决策分析等方法，总结和分析 2022 年上海志愿服务发展情况和发展态势。2022 年，上海市新时代文明实践和学雷锋志愿服务工作坚持以习近平新时代中国特色社会主义思想为指导，以学习宣传贯彻党的二十大为主题主线，围绕新时代文明实践、疫情防控、制止餐饮浪费、生活垃圾分类、进口博览会等工作，大力推进志愿服务组织运行、制度保障、能力建设、民生服务、文化涵育五大体系建设。报告显示，新时代文明实践志愿服务的感受度、参与度、满意度持续提升；“让理论传播更有温度、更贴近百姓生活”受到市民和志愿者广泛关注；强化信用激励和制度保障，不断完善志愿服务制度和工作体系成为共同心声。同时，针对上海志愿服务发展的现实挑战，报告提出了应对思路与对策。

专题篇从“上海志愿服务的创新实践”“60 年来雷锋精神内涵拓展的历史过程、逻辑理路与基本经验”“中国式现代化建设下志愿服务高质量发展再思考”“以健全的工作体系促进志愿服务高质量发展”等方面，围绕完善学雷锋志愿服务制度和工作体系形成专题报告。

案例篇遴选工作案例 23 篇，总结了各区、各单位开展疫情防控志愿服务、垃圾分类志愿服务和深化拓展新时代文明实践中心建设工作的经验做法，为进一步探索新时代文明实践和学雷锋志愿服务工作提供了坚实的实践基础。

关键词： 上海　新时代文明实践　学雷锋志愿服务　报告

目 录

总报告

专题篇

案例篇

总 报 告

General Report

2022 年上海志愿服务发展报告

一、2022 年度上海志愿服务发展状况

2022 年，上海市新时代文明实践和学雷锋志愿服务工作坚持以习近平新时代中国特色社会主义思想为指导，以学习宣传贯彻党的二十大为主题主线，深入贯彻落实习近平总书记致中国志愿服务联合会第二届会员代表大会贺信精神和关于学雷锋志愿服务工作的重要指示精神，围绕深化拓展新时代文明实践中心建设、全面提升城市软实力、助力疫情防控、融入基层治理等重点工作，奋力创造新奇迹、展现新气象，为把上海建设成为具有世界影响力的社会主义现代化国际大都市提供坚强思想保证和强大精神动力。

为了更加客观、全面地反映 2022 年度上海志愿服务发展状况，上海市精神文明建设委员会办公室、上海市志愿者协会、上海市志愿服务研究中心、上海社会科学院社会学研究所课题组联合开展了面向“上海志愿者网”注册志愿者以及市民的问卷调查，共获得志愿者有效样本 25756 份，市民有效样本 16291 份。总体而言，2022 年上海注册志愿者人数持续上升，志愿者注册率（26.0%）达历史新高，志愿服务实现高质量发展，志愿服务凸显主流价值，志愿服务精神深入人心；上海新时代文明实践志愿服务取得显著成效，志愿服务在疫情防控中发挥突出作用，志愿服务组织呈现制度化、规范化发展的良好态势。

（一）体现时代价值，志愿服务精神感召力彰显

2022 年，通过完善市文明委统一领导、市文明办统筹规划协调指导，市志愿者协会联络各方壮大队伍，市志愿服务公益基金会募集资产支持保障，市志愿服务培训中心常态培训，市志愿服务研究中心理论研究智力支持、市市民巡访团收集民意建言献策的“一体、两翼、两中心、一团”工作格局，深化志愿服务组织运行、制度保障、能力建设、民生服务、文化涵育“五大体系”，新时代志愿服务体系健全发展。

1. 志愿服务实现高质量发展

截至 2022 年 12 月 31 日，全国志愿服务信息系统“上海志愿者网”实名认证注册志愿者①达 600 余万人（见图 1-1），比 2021 年增加 70 余万人，上海实名认证注册志愿者的人数占常住人口比率超过 26.0%（见图 1-2），比 2021 年上升 3 个百分点。上海志愿者网 2022 年从外地迁移到上海的志愿者 56966 人，从上海迁移到外地的志愿者 30254 人。自 2007 年上海在全国首次实行志愿者实名注册制度以来，上海每年实名认证注册志愿者人数不断增长，已经从 2009 年的 2 万余人发展到 2022 年的 600 余万人，注册率从 2009 年的 0.1%上升至 26.0%，积极营造“人人都是志愿者、人人都是软实力、人人展示软实力”的生动局面，彰显出上海的城市精神和城市品格。

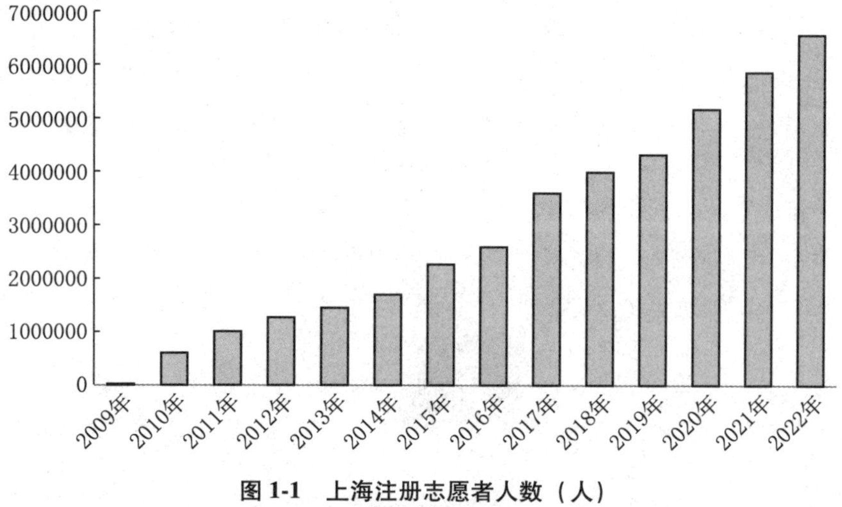

图 1-1　上海注册志愿者人数（人）

从上海注册志愿者的年龄分布来看（见图 1-3），18 岁以下占 2.4%，18—28 岁占 11.0%，28—35 岁占 13.4%，35—45 岁占 20.3%，45—60 岁占 20.9%，60—65 岁占 8.4%，65 岁及以上占 23.6%。在性别分布上，注册志愿者中男性占 48.9%，女性占 51.1%，女性略多于男性。

---

① 实名认证注册志愿者：志愿者注册后，系统和公安部人口信息库对接，进行实名认证。同时，每季度和市大数据中心的人口库进行比对，将已去世的志愿者从实名认证志愿者中移除。

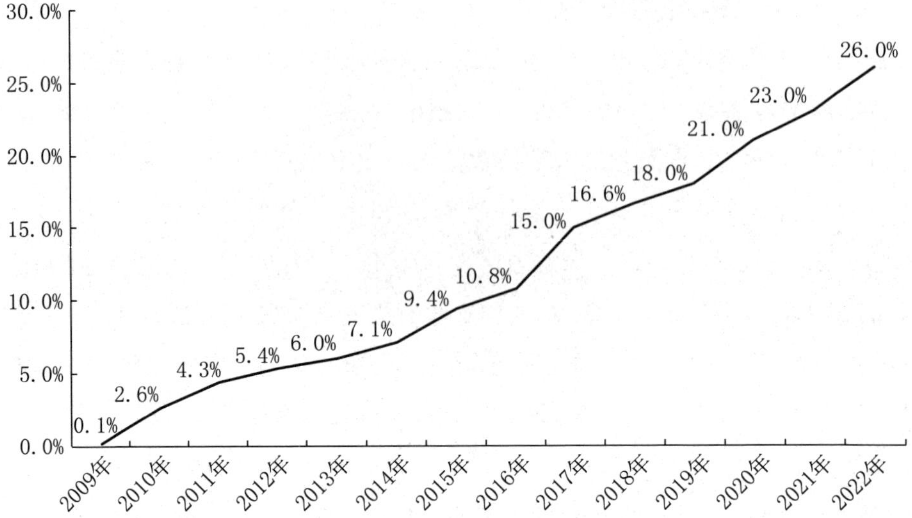

图 1-2　上海志愿者注册率

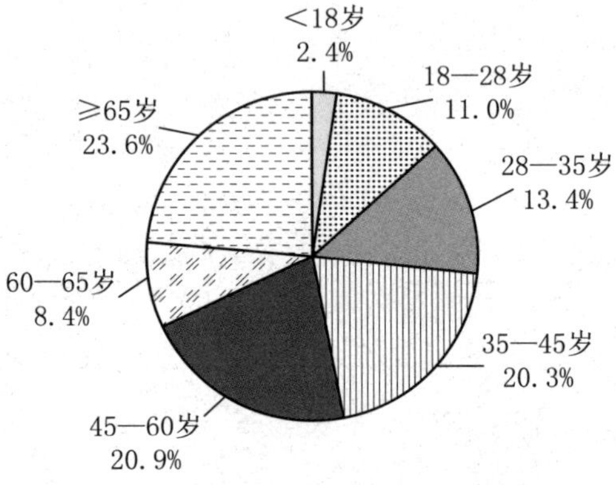

图 1-3　上海注册志愿者年龄分布

至 2022 年 12 月 31 日，上海志愿服务时长大于 0 的实名注册志愿者总数为 435 万余人，占 65.83%。2022 年度参与志愿服务人数为 129 万余人，服务时长 1 亿 8728 万余小时，比 2021 年增加 9691 万余小时。2022 年志愿者年人均服务时长 144.15 小时，比 2021 年的 67.44 小时增加 76.71 小时，呈现大幅上升的趋势。

2022 年，上海有 96.4%的志愿者表示在过去的一年中参加过志愿服务活动，比 2021 年的参与比率高出 1.7 个百分点（见图 1-4）。自 2016 年以来，志愿者参与志愿服务的比率趋于上升，2019 年之后，连续 4 年参与比率均在 90%以上。2022 年志愿者参与志愿服务的比率达到历史新高。从具体的参与次数和时长来看，2022 年每位志愿者参与志愿服务活动次数的中位数为 30 次，年度服务时长的中位数为 130 小时。

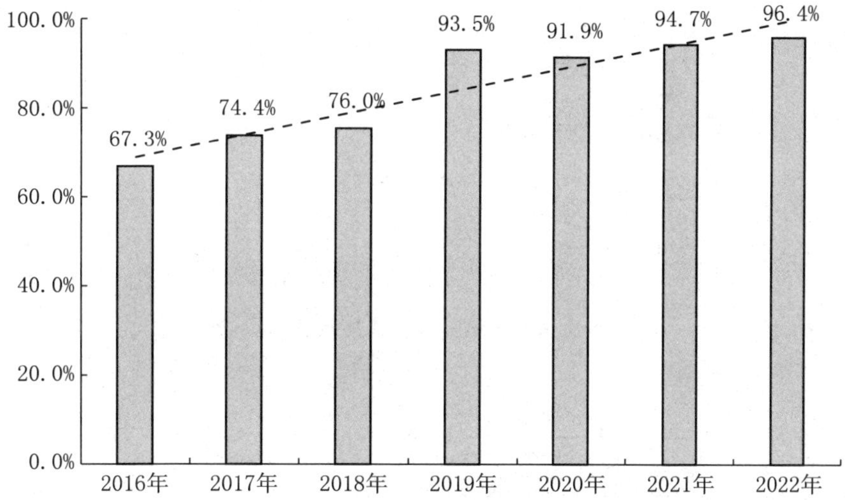

图 1-4 上海志愿者参与志愿服务的比例

从志愿者参与志愿服务活动的途径来看（见图 1-5），2022 年上海志愿者参与志愿服务的主要途径仍然是通过“所在社区”和“所注册的志愿服务组织”，占比分别为 33.2%和 27.5%，通过“所在单位或学校”的比率为 15.8%。值得关注的是，2022 年志愿者通过“上海志愿者网”和“个人（或团体）自发组织的活动”这两条途径参与志愿服务的比率有较大幅度上升，均比 2020 年和 2021 年提高了近 10 个百分点。这反映了“上海志愿者网”以及“个人（或团体）自发组织活动”这两条途径的影响力在提升，体现出志愿者参与志愿服务活动的自主性和主体性在增强。

在注册志愿者参与志愿服务的时间上（见图 1-6），2022 年，上海志愿

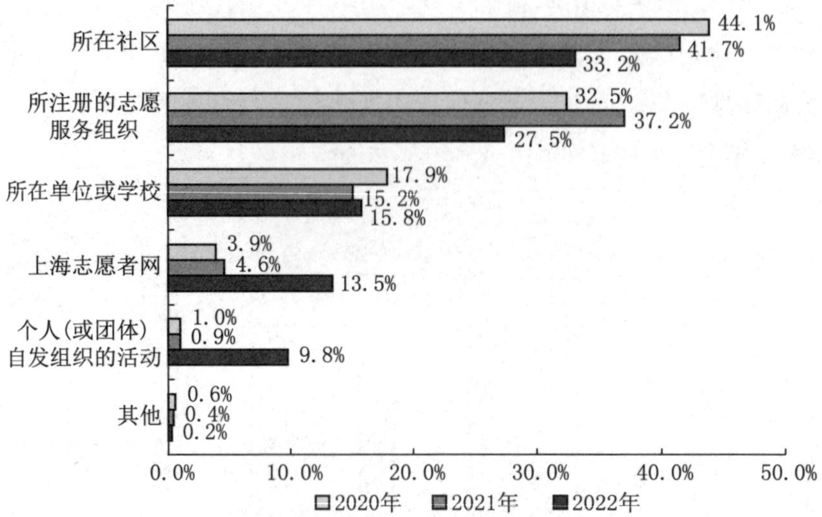

图 1-5　上海志愿者参与志愿服务的主要途径

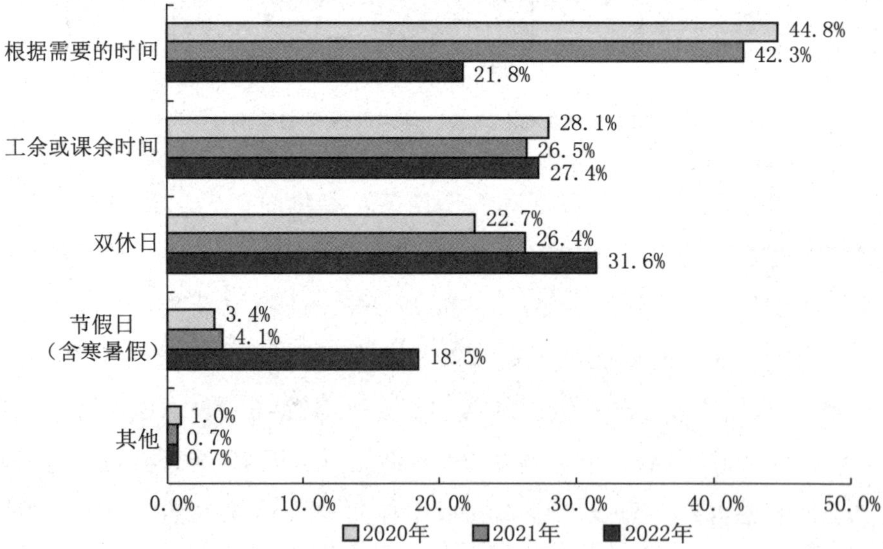

图 1-6　上海志愿者参与志愿服务的时间

者选择“只要需要，任何时间都可以”的比率为 21.8%，比 2020 年和 2021 年下降超过 20 个百分点。相比之下，2022 年志愿者选择“双休日”和“节假日（含寒暑假）”的幅度有较大比率上升，尤其是选择“节假日（含寒暑假）”的比率，上升近 15 个百分点。这提醒相关志愿服务活动的组织者在策划和安排时间时要充分考虑到志愿者的时间需求，从而更好地促进志愿服务活动的开展。

从 2022 年上海注册志愿者参加的志愿服务活动与自身工作、学习内容的相关性来看（见图 1-7），“全部有关”的占 31.2%，“部分有关”的占 51.5%，“没有关系”的占 17.3%。总体而言，有超过八成的志愿者参加志愿服务活动都与自身的工作学习有一定关联，体现出志愿服务活动的专业性。

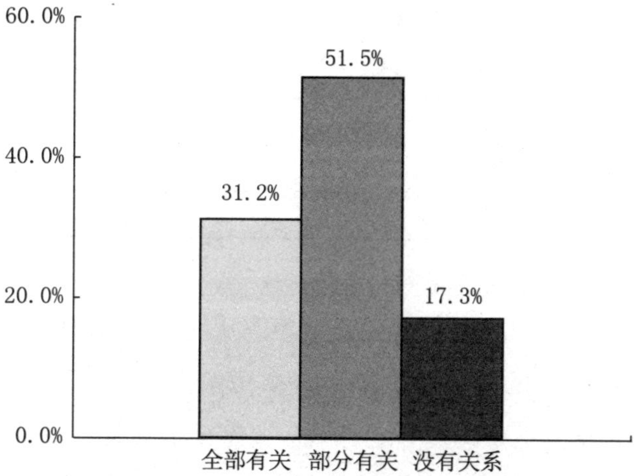

图 1-7　上海志愿者参加的志愿服务活动与工作学习的相关性

2022 年，在志愿者参与的 15 类志愿服务活动中，上海志愿者参与比率最高的 3 类为“疫情防控”“社区服务”和“文明实践”（见表 1-1），志愿者的参与比率分别为 93.5%、64.1%和 52.8%。在 2022 年“大上海保卫战”期间以及常态化防控阶段，全市各级志愿服务组织全力组织开展各类疫情防控志愿服务活动以及其他相关志愿服务活动，为巩固疫情防控成果，有序恢复正常生产生活秩序提供了重要助力。

表 1-1　上海志愿者参与志愿服务的类别

	参加过志愿服务项目的类别	主要参加志愿服务组织最基本的服务活动类别
疫情防控	**93.5%**	**93.8%**
社区服务	**64.1%**	**67.4%**
文明实践	**52.8%**	**53.4%**
垃圾分类	38.7%	38.4%
邻里守望	38.9%	37.5%
关爱帮扶	29.9%	32.0%
爱国卫生	29.6%	29.8%
绿色环保	24.3%	25.5%
城市运行	19.3%	18.8%
文化教育	15.5%	15.5%
应急救援	14.3%	15.5%
理论政策宣讲	14.9%	14.4%
心理疏导	12.2%	12.0%
赛会服务	6.8%	7.1%
其他	0.6%	0.6%

从志愿者和市民平时了解志愿服务相关信息的渠道来看（见图 1-8），2022 年上海排在首位的是“社交平台（如微信、QQ、抖音等）”，志愿者和市民的选择比率分别为 73.8% 和 71.9%，排在第二位的是“社区宣传栏、电子屏”，志愿者和市民的选择比率分别为 68.5% 和 58.0%。此外，“组织、单位通知”“网络媒体”“电视传媒”“报纸等纸质媒体”以及“亲戚朋友介绍”等也占有一定比率。可见，当前采取线上和线下相结合的方式，志愿服务信息可以达到较好的传播效果。

2. 志愿服务凸显主流价值

习近平总书记指出，“无论时代如何变迁，雷锋精神永不过时”。2022 年调查显示，上海志愿者参与志愿服务活动的原因，排在前三位的是“弘

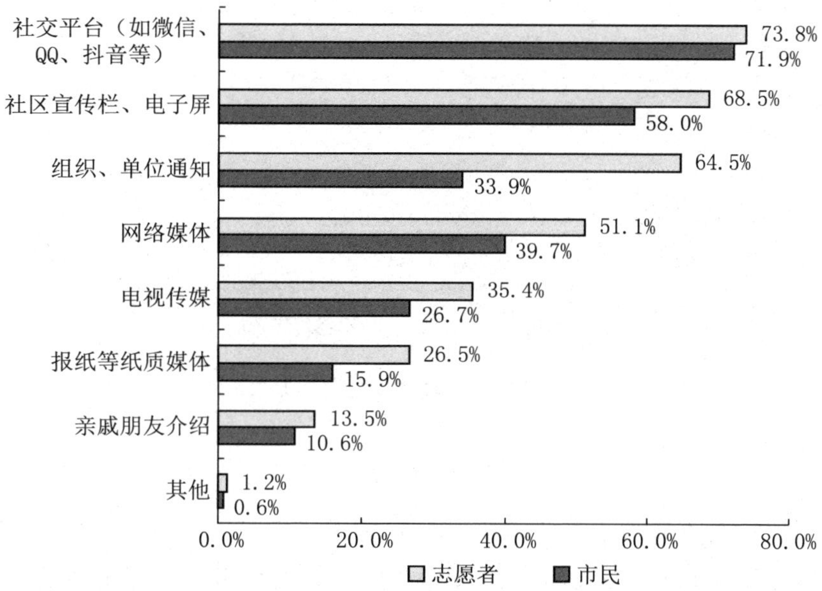

图 1-8　上海志愿者和市民了解志愿服务相关信息的渠道

扬雷锋精神，践行社会主义核心价值观”“帮助有需要的人”和“促进城市文明进步”，志愿者的选择比率分别为84.6%、77.6%和76.0%，主要表现为利他性选择，这体现了志愿者高度认同志愿精神与雷锋精神一脉相承，新时代仍然需要雷锋精神的引领与激励。此外，志愿者参与志愿服务活动，部分也是出于利己性选择，比如志愿者选择“实现个人人生价值”的比率为68.4%，“提升社会阅历”的比率为49.8%，“回报、回馈他人”的比率为40.4%，“扩大‘朋友圈’”的比率为17.0%。可见，开展志愿服务活动需要兼顾志愿者利他和利己性的双重需求，才能更好地促进志愿服务工作的发展。

在上海志愿者未来继续参与志愿服务活动的意愿方面（见图1-9），2022年调查显示，62.6%的志愿者表示自己不仅会继续参加，并将增加参与时间，33.0%的志愿者表示会参加，并会保持现有的参与时间，这表明有95.6%的志愿者未来会继续参加志愿服务活动，体现出上海志愿者队伍的稳定性，为上海志愿服务的发展奠定了良好的人员队伍基础。

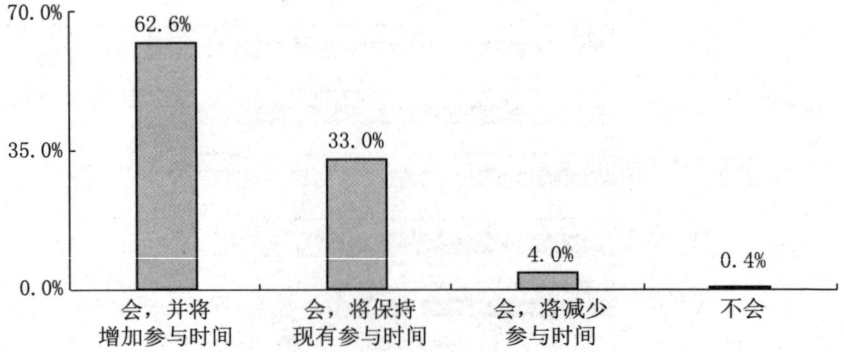

图 1-9 上海志愿者未来继续参与志愿服务活动的意愿

2022 年，上海志愿服务进一步强化激励嘉许，推动《上海市学雷锋志愿服务激励嘉许实施办法（试行）》在基层落地见效，完善评选表彰、宣传激励、信用激励、资助帮扶、保险保障、礼遇优待、资金扶持“七位一体”的激励嘉许机制，并指导全市 13 个区制定区级志愿服务激励嘉许实施办法。实行志愿者星级认证，将“上海志愿者网”累计志愿服务时间大于 50 小时的 183 万名实名注册志愿者纳入市信用平台。截至 2022 年 12 月 31 日，上海志愿者星级认证①完成认证一星 58926 人，二星 28958 人，三星 11476 人，四星 4806 人，五星 4380 人，共 108546 人。

2022 年调查显示，上海志愿者选择对提升参与志愿服务积极性最有效的激励机制中（见图 1-10），排在前三位的分别是“信用激励”“星级认证”和“礼遇激励”。具体而言，志愿者选择比率最高的三项是“志愿服务时间长纳入社会信用体系（信用激励）”“进行注册志愿者星级认证，彰显志愿者荣耀（星级认证）”和“享受免费体检、免费参观博物馆、赠送游乐园门票等服务（礼遇激励）”，志愿者的选择比率分别为 57.4%、57.2% 和 33.6%，可见，“信用激励”和“星级认证”最受志愿者青睐。此外，“服务激励”“精神激励”“保障激励”和“道德鼓励”也获得部分志愿者

① 星级认证：志愿服务记录时长累计达到 100 小时、300 小时、600 小时、1000 小时和 1500 小时，分别认证为“一星志愿者”“二星志愿者”“三星志愿者”“四星志愿者”和“五星志愿者”。

的肯定。

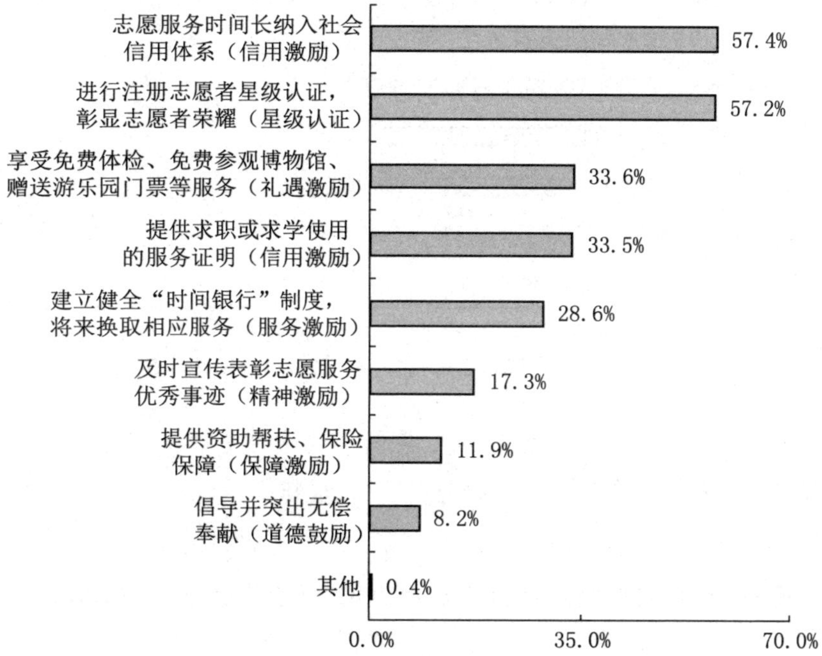

图 1-10　上海志愿者认为最有效的激励机制

3. 志愿服务精神深入人心

从上海市民对志愿者参与志愿服务目的的认知来看（见图 1-11），2022 年排在前三位的是“弘扬雷锋精神，践行社会主义核心价值观”“促进城市文明进步”和“帮助有需要的人”，市民选择比率分别为 77.6%、68.8%和 57.7%。此外还有 52.0%的市民选择“实现个人人生价值”，35.1%的市民选择“提升社会阅历”，29.7%的市民选择“回报、回馈他人”，12.4%的市民选择“扩大‘朋友圈’”。可见，市民对志愿者参与志愿服务目的的认知，与志愿者自身的选择一致，也是利己性和利他性的结合。

2022 年调查显示，有 77.6%的上海市民表示自己在过去的一年中接受过志愿服务。其中每位市民接受志愿服务次数的中位数为 10 次，接受志愿服务年度平均时长的中位数为 25 小时。

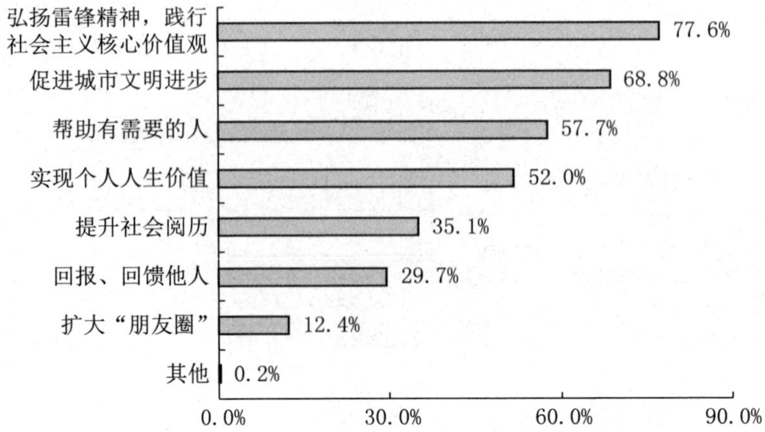

图 1-11　上海市民对志愿者参与志愿服务目的的认知

从市民已经接受过的志愿服务类别来看（见表 1-2），排在前三位的是“疫情防控”“社区服务”和“垃圾分类”，市民接受过的比率分别为 93.7%、58.6%和 45.6%，市民接受过“文明实践”类志愿服务的比率为 45.3%。从市民最希望接受的志愿服务类别和最希望参加的志愿服务类别来看，选择比率最高的三项为“疫情防控”“社区服务”和“文明实践”，这也体现了市民群众对志愿服务工作的需求更加贴近民生实际。

表 1-2　上海市民接受和希望参加的志愿服务类别

	市民已接受过的志愿服务类别(多选)	市民最希望接受的志愿服务类别	市民最希望参加的志愿服务类别
疫情防控	**93.7%**	**29.4%**	**31.7%**
社区服务	**58.6%**	**24.3%**	**23.9%**
垃圾分类	**45.6%**	2.6%	1.8%
文明实践	45.3%	**8.4%**	**10.0%**
邻里守望	34.3%	7.1%	8.2%
爱国卫生	27.2%	2.0%	1.8%
关爱帮扶	24.0%	5.5%	5.0%
绿色环保	21.5%	3.3%	3.4%
理论政策宣讲	16.3%	1.3%	1.1%
城市运行	12.6%	1.7%	2.1%

续表

	市民已接受过的志愿服务类别（多选）	市民最希望接受的志愿服务类别	市民最希望参加的志愿服务类别
文化教育	12.5%	5.1%	4.7%
应急救援	11.9%	4.1%	2.0%
心理疏导	9.9%	3.3%	2.3%
赛会服务	4.6%	1.6%	2.0%
其他	0.5%	0.3%	0.2%

对于未来是否希望接受志愿服务（见图1-12），2022年共有88.5%的上海市民选择希望，其中，68.9%的市民表示“很希望”，19.6%的市民表示“比较希望”。总体而言，上海市民对志愿服务精神越来越认同，接受志愿服务的意愿呈现上升趋势。

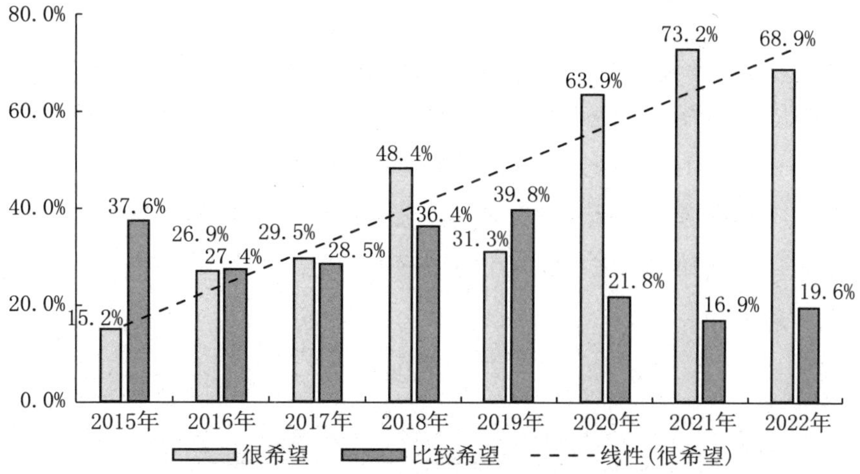

图1-12　上海市民未来接受志愿服务的意愿

2022年调查显示，市民参与志愿服务活动的意愿保持高位（见图1-13）。其中，73.7%的市民表示自己愿意并且已经参加志愿服务活动，较2020年上升9个百分点；9.0%的市民表示愿意但不知道如何参加，较2020年下降了7个百分点，体现了宣传动员加大和参与途径拓展的成效；14.0%的市民表示愿意参加，但客观条件暂不允许（如年龄偏大、健康不佳、事务繁忙等)。市民的高参与意愿为上海志愿服务事业的发展提供了坚实的群众基础。

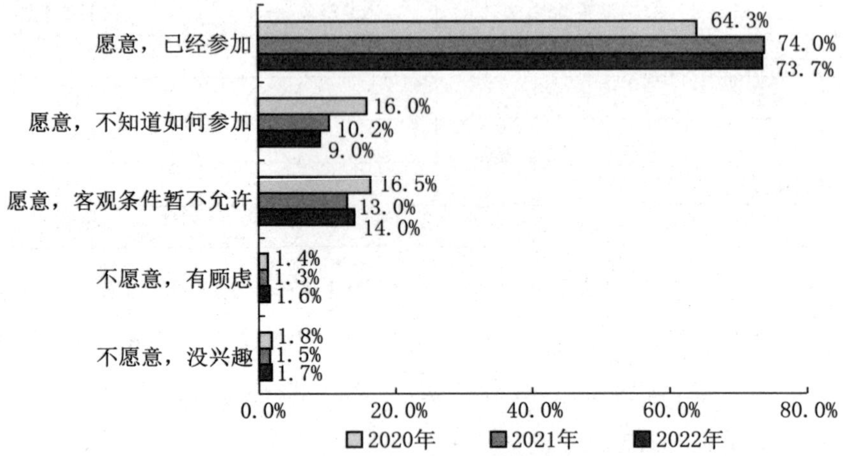

图 1-13　上海市民参与志愿服务活动的意愿

从上海市民对志愿服务相关知识的知晓情况来看（见图 1-14），2022 年有 86.6%的市民表示自己知道“上海市志愿者协会”这个机构，83.0%的市民表示自己知道 12 月 5 日是国际志愿者日，79.8%的市民表示知道如何在上海注册成为志愿者。可见，随着上海志愿服务活动的深入开展和广泛宣传，志愿服务的相关知识越来越深入上海市民之心，逐步形成全社会关心、重视志愿服务的局面。

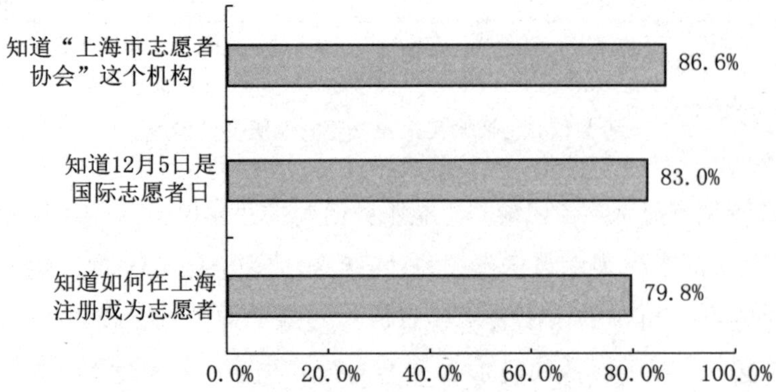

图 1-14　上海市民对志愿服务相关知识的知晓情况

从市民参与志愿服务项目的意愿来看（见图 1-15），排在前三位的是“新时代文明实践”“疫情防控”和“进口博览会”，市民的选择比率分别为 65.7%、62.5%和 38.3%。这体现了上海建设新时代文明实践中心取得的成效，体现出上海市民对“新时代文明实践”志愿服务项目的高度认同。

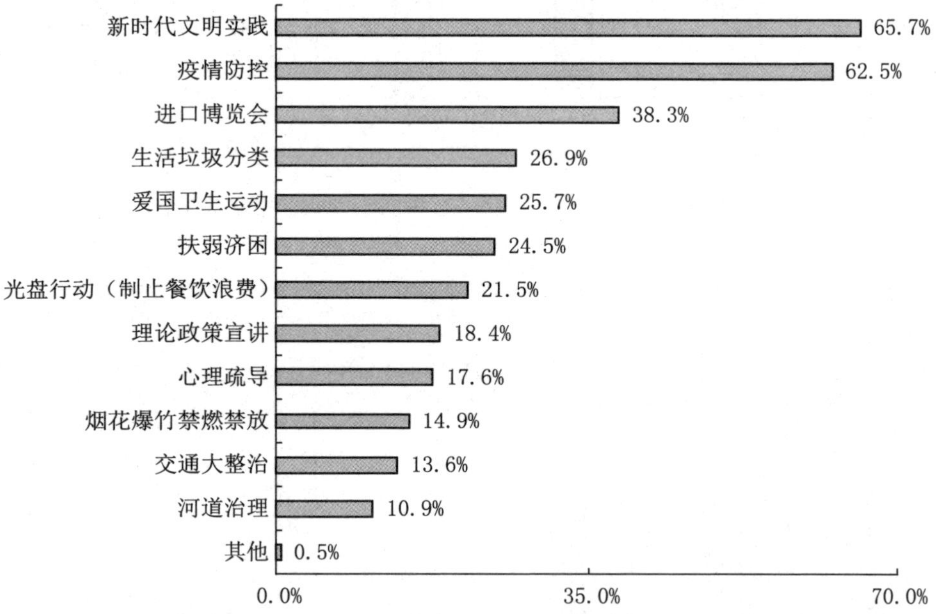

图 1-15　上海市民参与志愿服务项目的意愿

在满意度方面，2022 年调查显示（见图 1-16），对于自己过去一年参加的志愿服务活动，上海有 94.9%的志愿者表示满意，其中，71.0%的志愿者选择“很满意”，23.9%的志愿者选择“比较满意”。总体而言，志愿者对参加志愿服务活动的满意度呈现上升趋势。

在市民对所接受志愿服务的满意度方面（见图 1-17），2022 年上海市民的满意度为 98.5%，其中，市民表示“很满意”的比率为 82.7%，表示“满意”的比率为 15.8%。总体而言，2022 年市民对所接受志愿服务的满意度保持在较高水平，体现出市民接受志愿服务的获得感和满足感。

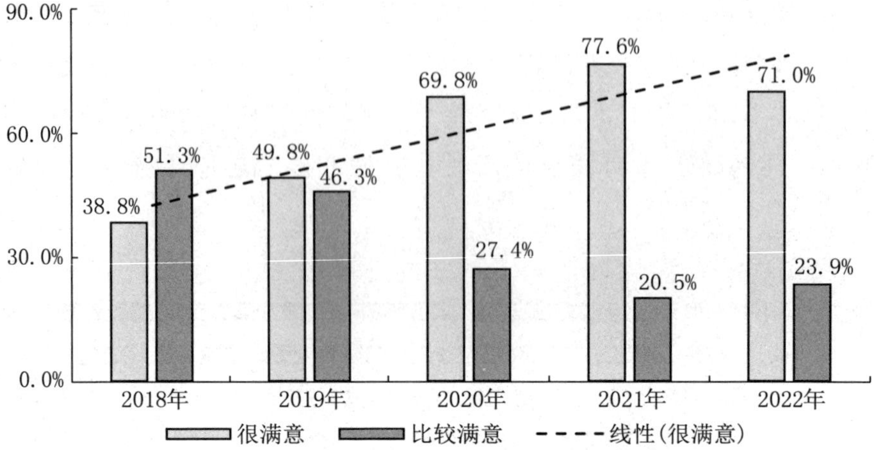

图 1-16 上海志愿者对参加志愿服务活动的满意度

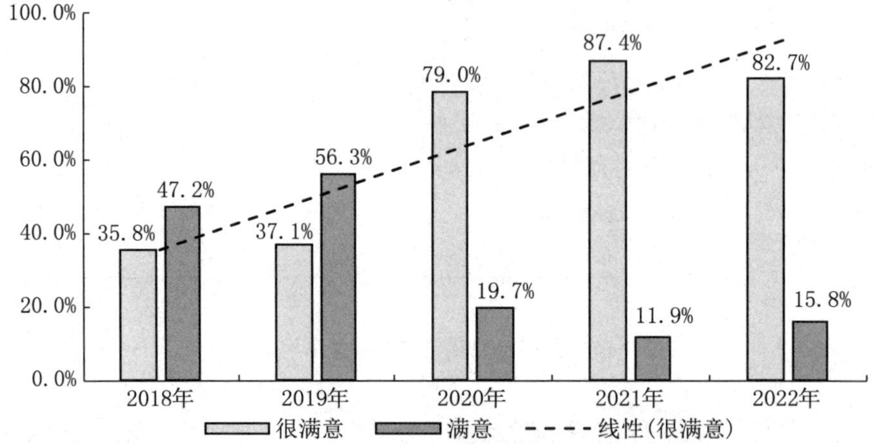

图 1-17 上海市民对所接受志愿服务的满意度

从志愿者和市民对身边开展志愿服务活动效果的评价来看（见图 1-18），上海志愿者和市民持有肯定态度的比率分别为 96.1%和 94.3%，其中，志愿者和市民选择“很好”的比率分别为 74.6%和 73.5%，选择“比较好”的比率分别为 21.5%和 20.8%。可见，志愿者和市民对身边开展的志愿服务活动效果持有较高的认同态度。

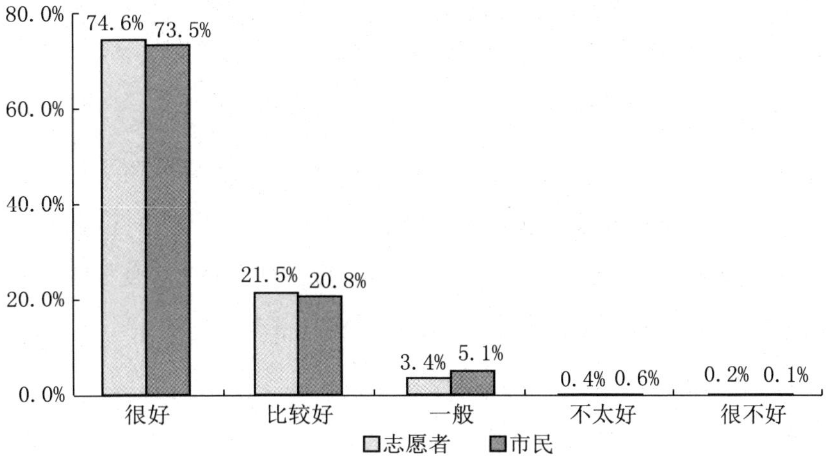

图 1-18　上海志愿者和市民对开展志愿服务活动效果的评价

从当前志愿服务发展面临的主要问题来看（见表 1-3），2022 年调查显示，志愿者和市民选择排在前三位的问题均为“市民问题”“资金问题”和“政府问题”。具体而言，志愿者和市民选择“市民对志愿服务了解不够”的比率分别为 54.4%和 50.7%，选择“志愿组织缺乏活动资金”的比率分别为 43.6%和 41.1%，选择“发展政策支持力度不够”的比率分别为 40.7%和 42.3%。此外，部分志愿者和市民选择了“组织问题”“宣传问题”“设施问题”和“人员问题”。未来可重点关注并落实提高宣传有效性、扩大资金筹措力度以及加大政策支持力度等方面的工作。

表 1-3　上海志愿者和市民认为目前开展志愿服务面临的主要问题

	志愿者	市民
市民对志愿服务了解不够（市民问题）	54.4%	50.7%
志愿组织缺乏活动资金（资金问题）	43.6%	41.1%
发展政策支持力度不够（政府问题）	40.7%	42.3%
志愿服务组织管理和活动缺乏影响力（组织问题）	30.7%	28.4%
新闻媒体对志愿活动宣传不够（宣传问题）	13.6%	12.3%
社区志愿服务站点不足（设施问题）	14.4%	15.2%
志愿者人员素质不适应服务要求（人员问题）	13.1%	13.5%
其他	1.3%	1.0%

(二)着眼提质增效，文明实践内涵引领力提升

上海自2019年底启动新时代文明实践中心建设工作以来，坚持以习近平新时代中国特色社会主义思想为指引，认真践行“人民城市人民建，人民城市为人民”的重要理念，紧扣传播新思想、引领新风尚的目标，全面推进、深化拓展新时代文明实践中心建设，新时代文明实践志愿服务水平实现新突破，文明实践标识度、显示度、贡献度持续彰显。

1. 新时代文明实践中心阵地拓展

2022年，上海市在全覆盖建设新时代文明实践中心三级阵地的基础上，创新打造文明实践“一圈一带一群一园”。至2022年12月31日，上海市共建有16个区级新时代文明实践中心、221个乡镇（街道）级新时代文明实践分中心、6007个村（居）级新时代文明实践站，同时依托园区、商区、厂区、校区、景区、街区、楼宇、滨江岸线、交通枢纽、服务窗口、教育基地、公园绿地等特色资源，因地制宜打造了文明实践“示范带”“益空间”“实践点”等1866个特色阵地，其中2022年新增612个，增幅近50%。

2022年调查显示（见图1-19），有八成左右的上海志愿者和市民知晓自

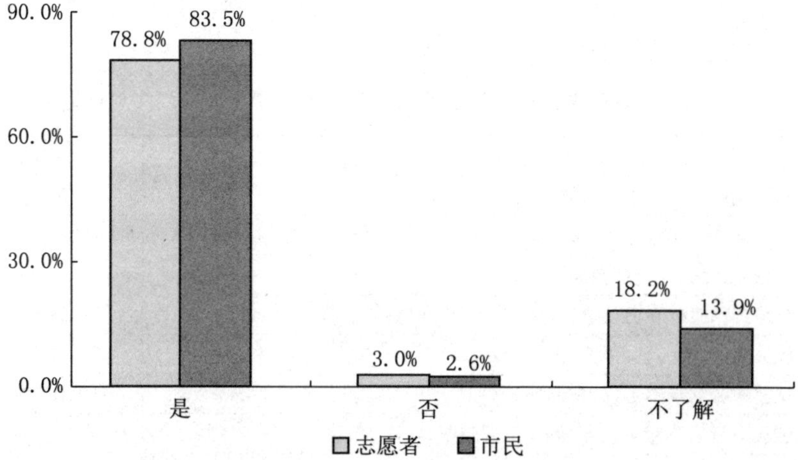

图1-19　上海志愿者和市民对新时代文明实践中心（分中心、站）设立的知晓情况

己工作、生活、学习的区域内设立新时代文明实践中心（分中心、站）的情况。这表明随着新时代文明实践中心（分中心、站）在各区、乡镇（街镇）以及村（居）的设立和日常活动开展，新时代文明实践中心（分中心、站）已经产生较为广泛的社会影响力。

从上海志愿者和市民志愿者和市民在新时代文明实践中心（分中心、站）接受或参与活动的情况来看（见图 1-20），有 58.2%的志愿者和 68.1%的市民表示自己在新时代文明实践中心（分中心、站）接受过志愿者提供的服务，57.7%的志愿者和 46.8%的市民表示自己在新时代文明实践中心（分中心、站）作为志愿者参与过服务，25.9%的志愿者和 25.2%的市民表示自己在新时代文明实践中心（分中心、站）参加过其他活动。

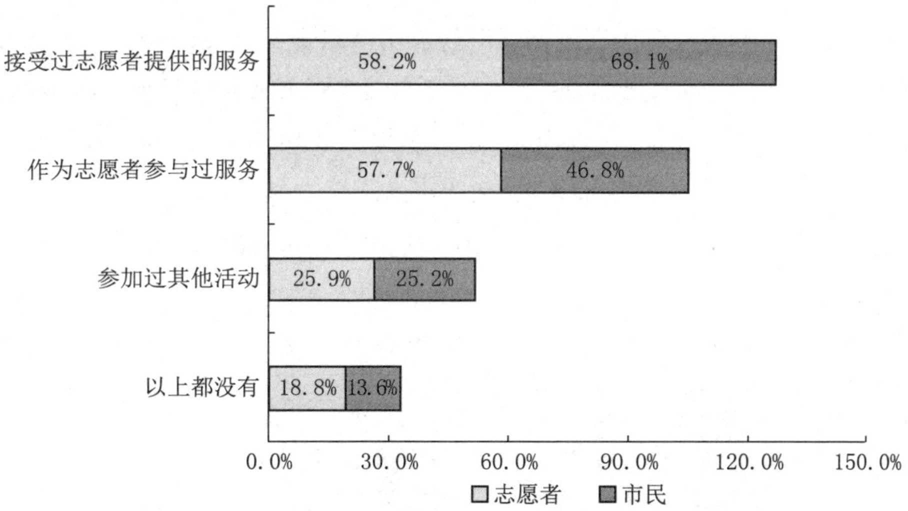

图 1-20　在新时代文明实践中心（分中心、站）接受或参与活动的情况

在对新时代文明实践中心（分中心、站）工作整体上的满意情况方面（见图 1-21），上海志愿者和市民的满意度均在八成以上。其中，志愿者表示很满意的比率为 60.6%，比较满意的比率为 21.6%，市民表示很满意的比率为 68.3%，比较满意的比率为 20.3%。

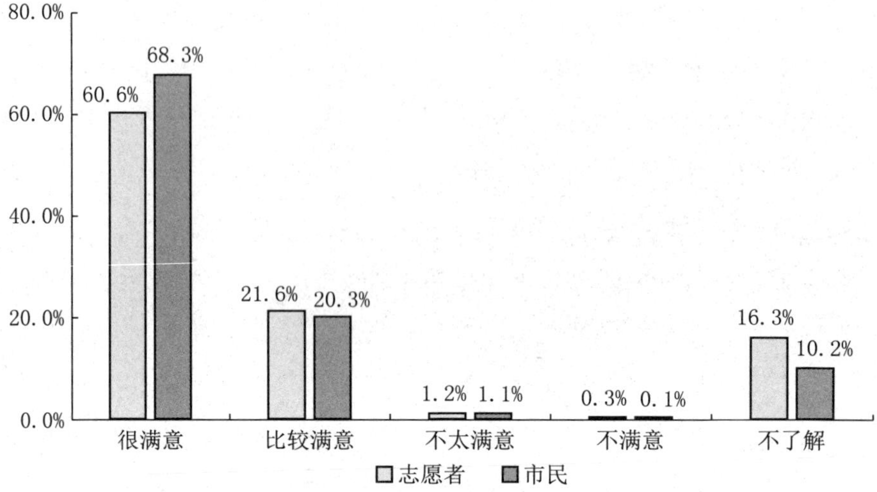

图 1-21 对新时代文明实践中心（分中心、站）工作的满意情况

从志愿者和市民对所在区域新时代文明实践中心（分中心、站）工作发展状况的评价来看（见图 1-22），上海 67.4%的志愿者和 70.6%的市民认为“阵地资源整合到位”，59.4%的志愿者和 59.1%的市民认为“体制机制健全到位”，59.5%的志愿者和 60.3%的市民认为“服务群众精准到位”。总体而言，当前上海市新时代文明实践中心建设工作持续深入人心，且广泛受到群众高度好评。

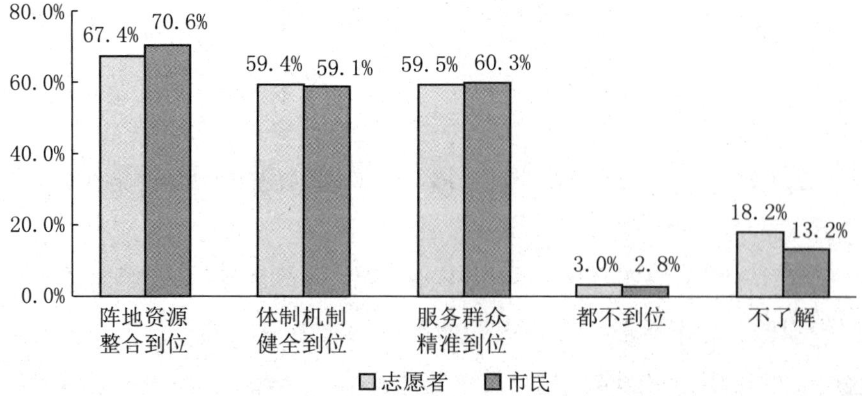

图 1-22 对新时代文明实践中心（分中心、站）工作发展状况的评价

从志愿者和市民希望所在区域的新时代文明实践中心（分中心、站）可进一步提升的方面来看（见表 1-4），排在前三位的是“动员群众能力”“整合资源能力”和“引导群众能力”，上海志愿者的选择比率分别为 63.1%、60.3% 和 48.7%，市民的选择比率分别为 64.0%、56.8% 和 44.9%。

表 1-4　希望所在区域的新时代文明实践中心（分中心、站）可进一步提升的方面

	志愿者	市民
动员群众能力	63.1%	64.0%
整合资源能力	60.3%	56.8%
引导群众能力	48.7%	44.9%
服务群众能力	46.3%	40.8%
工作创新能力	40.1%	34.6%
服务保障能力	39.7%	32.8%
其他	0.5%	0.5%
不了解	10.3%	6.1%

2. 新时代文明实践中心内涵深化

2022 年，上海市深化完善“上海市新时代文明实践综合服务平台”功能，强化“上海市新时代文明实践综合服务平台”与“一网通办”“上海志愿者网”功能衔接，依托“供单”“点单”“派单”“接单”“评单”相贯通的服务群众流程，突出惠民利民，服务群众精细精准。自 2020 年 6 月 30 日“上海市新时代文明实践综合服务平台”上线以来，至 2022 年 12 月 31 日，市级平台拥有包括各级部门、单位、组织在内的用户总数达 1707 家，累计发布 503312 条资源供给单、42572 条资源需求单，完成 181555 项跨系统、跨区域资源供需对接。在区级平台，累计发布服务群众项目供单 915193 条，收到群众点单 2569781 条、服务评价 2230012 条。通过聚焦民生需求和城市精细化管理，打造“15 分钟文明实践圈”，探索基层多中心融合发展模式，构建“阵地共建、活动共联、队伍共育”的文明实践综合体，推动一大批邻里守望志愿服务扎根社区，助力构建社区治理共同体。

从上海志愿者和市民对新时代文明实践工作流程和各环节的便捷度和体

验度的评价来看（见表1-5，表1-6），在“收集群众需求”“设计服务项目”“发布服务菜单”“群众按需点单”“志愿者提供服务质量”和“作为志愿者参与感受”这几个方面，志愿者和市民的满意度均在八至九成，其中市民的满意度总体略高于志愿者。

表1-5　上海志愿者对新时代文明实践工作的满意情况

	非常满意	比较满意	不太满意	很不满意	不了解或未参与
收集群众需求	58.1%	25.1%	1.4%	0.3%	15.1%
设计服务项目	56.3%	26.2%	1.7%	0.3%	15.5%
发布服务菜单	56.9%	25.7%	1.7%	0.3%	15.4%
群众按需点单	56.2%	25.9%	2.0%	0.4%	15.5%
志愿者提供服务质量	58.8%	25.6%	1.0%	0.3%	14.3%
作为志愿者参与感受	59.3%	25.3%	1.1%	0.3%	14.0%

表1-6　上海市民对新时代文明实践工作的满意情况

	非常满意	比较满意	不太满意	很不满意	不了解或未参与
收集群众需求	65.5%	24.0%	1.2%	0.4%	8.9%
设计服务项目	63.6%	25.2%	1.5%	0.4%	9.3%
发布服务菜单	64.1%	24.7%	1.5%	0.5%	9.2%
群众按需点单	63.9%	24.5%	1.9%	0.4%	9.3%
志愿者提供服务质量	66.0%	24.4%	1.1%	0.3%	8.2%
作为志愿者参与感受	65.7%	23.9%	1.2%	0.3%	8.9%

2022年，上海全市围绕“学习宣传理论政策”“培育践行主流价值”“创新开展文明创建”“大力弘扬时代新风”“丰富精神文化生活”“壮大志愿服务队伍”等文明实践六项工作，广泛开展“传播理论我践行”“凝心铸魂我践行”“市民修身我践行”“弘扬新风我践行”“涵育文化我践行”“志愿服务我践行”等六大实践行动。从志愿者和市民对上海市新时代文明实践中心（分中心、站）开展的六项工作的了解情况来看（见表1-7），大部分志愿者和市民都有所了解。其中，62.9%的志愿者和60.0%的市民表示了解“学习宣传理论政策”，54.6%的志愿者和49.9%的市民表示了解“培育践行主流价值”，58.6%的志愿者和54.3%的市民表示了解“创新开展文明创建”，

57.6%的志愿者和 52.9%的市民表示了解“大力弘扬时代新风”，46.6%的志愿者和 43.5%的市民表示了解“丰富精神文化生活”，42.2%的志愿者和 38.9%的市民表示了解“壮大志愿服务队伍”。

表 1-7　对各类新时代文明实践中心（分中心、站）工作的了解情况

	志愿者	市民
学习宣传理论政策	62.9%	60.0%
培育践行主流价值	54.6%	49.9%
创新开展文明创建	58.6%	54.3%
大力弘扬时代新风	57.6%	52.9%
丰富精神文化生活	46.6%	43.5%
壮大志愿服务队伍	42.2%	38.9%
不了解	13.9%	9.7%

党的二十大报告指出，要“坚持不懈用新时代中国特色社会主义思想凝心铸魂”。调查显示（见表 1-8），2022 年，上海志愿者和市民普遍乐于参与“学习宣传理论政策”（66.9%和 65.8%）、“培育践行主流价值”（60.2%和 54.6%）等文明实践活动。

表 1-8　未来参与新时代文明实践中心（分中心、站）活动的意愿

	志愿者	市民
学习宣传理论政策（如理论宣讲、政策宣传）	66.9%	65.8%
培育践行主流价值（如爱国主义、公民道德实践）	60.2%	54.6%
创新开展文明创建（如美丽家园创建、乡村振兴发展）	60.5%	54.6%
大力弘扬时代新风（如文明居住、文明餐饮）	53.8%	48.2%
丰富精神文化生活（如文化配送、剧目巡演）	48.5%	42.7%
壮大志愿服务队伍（如人员培训、项目孵化）	43.4%	33.0%
都没有兴趣	2.4%	2.8%

从上海志愿者和市民最愿意参与文明实践志愿服务活动来看（见表 1-9），排在前五位的是“阅读分享”“便民惠民”“主题展览”“文艺党课”和“通俗理论脱口秀”，其中志愿者的选择比率分别为 55.4%、42.5%、39.8%、

35.8%和31.5%，市民的选择比率分别为58.4%、35.6%、35.2%、32.2%和30.2%。这说明，文明实践工作能够切实满足志愿者和市民的多样化、差异化需求，参与文明实践活动逐渐成为群众喜闻乐见的生活方式。

表1-9　参与新时代文明实践中心提供的文明实践志愿服务活动的意愿

	志愿者	市民
阅读分享	55.4%	58.4%
便民惠民	42.5%	35.6%
主题展览	39.8%	35.2%
文艺党课	35.8%	32.2%
通俗理论脱口秀	31.5%	30.2%
舞台展演	27.5%	24.4%
扶弱济困	24.5%	19.4%
人文行走	24.1%	19.1%
经典诵读	22.7%	18.9%
研学体验	18.6%	14.4%
直播打卡	11.8%	10.3%
不了解	7.3%	4.6%
其他	0.1%	0.1%
都不愿意	0.7%	1.0%

（三）聚力疫情防控，志愿服务社会贡献度增强

在2022年的新冠肺炎疫情期间，上海市文明办坚决贯彻习近平总书记重要讲话和指示批示精神，在市委、市政府的坚强领导下，凝聚全社会力量，有力有序统筹推进疫情防控志愿服务工作，为打赢“大上海保卫战”，取得疫情防控重大决定性胜利发挥了重要作用。6月转入常态化防控阶段以后，牵头建立市疫情防控志愿服务工作组，着力建强由31类细分岗位组成的志愿服务队伍，至2022年底，全市每日上岗志愿者约19万人次，储备志愿者超过31万人，为巩固疫情防控成果，助力有序恢复正常生产生活秩序提供重要助力。

1. 疫情防控志愿服务参与范围广

“大上海保卫战”期间，各级文明办牵头协调、新时代文明实践中心统筹资源、志愿服务中心组织实施、志愿服务组织各展所长、社会各方提供支持保障。自 2022 年 3 月 3 日以来，至 2022 年 12 月 31 日，全市各级志愿服务组织在上海志愿者网发布 31273 个疫情防控志愿服务项目，招募上岗志愿者 888892 人，累计服务 134201208 小时，人均服务 150.98 小时。

2022 年调查显示（见图 1-23），有 95.9%的志愿者和 80.2%的市民表示自己参与过疫情防控志愿服务。

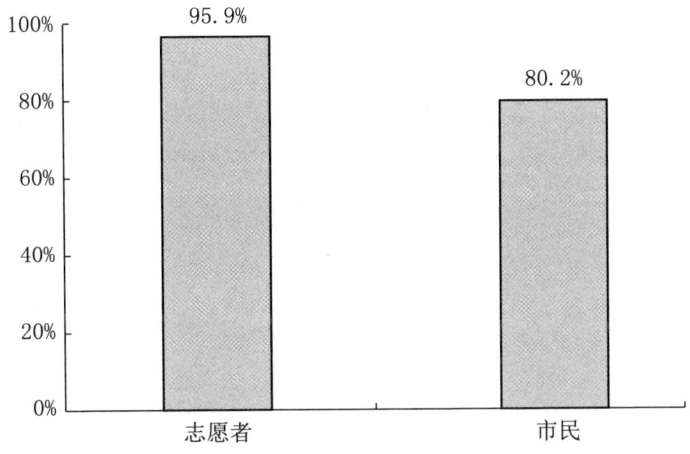

图 1-23　上海志愿者和市民参与疫情防控志愿服务的情况

从志愿者和市民参与疫情防控志愿服务的渠道来看（见图 1-24），超过六成的志愿者和市民是通过“所在社区”，这与疫情期间志愿服务大部分集中在社区的原因相关。

从上海志愿者和市民参与疫情防控志愿服务的原因来看（见图 1-25），排在前三位的是“觉得自己有责任参加”“为维护社会/社区秩序尽一份力”和“帮助有需要的人”，以上三项志愿者的选择比率分别为 79.8%、75.2%和 61.5%，市民的选择比率分别为 75.2%、64.2%和 53.5%。此外，还有部分志愿者和市民选择了“有时间，有能力”“给孩子做榜样”“社区、单位、

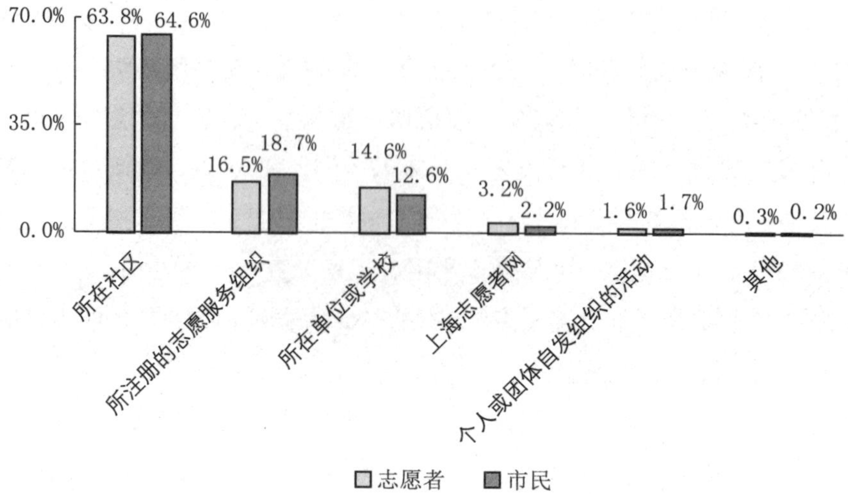

图 1-24　上海志愿者和市民参与疫情防控志愿服务的渠道

学校等组织的要求"和"可以和更多人交流"。在 2022 年的"大上海保卫战"中，广大市民挺身而出，踊跃加入志愿服务队伍，充分彰显了上海城市精神品格，体现了疫情当前上海市民身上所具有的坚信与坚守、自律与互助、拼搏到底与敢于胜利的可贵品质，展现了"人人起而行之，处处守望相助，时时共情共鸣"的"申"动图景。

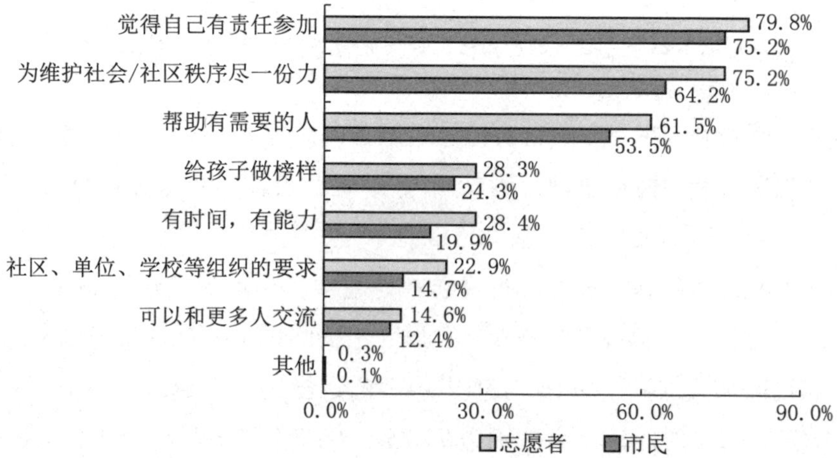

图 1-25　上海志愿者和市民参与疫情防控志愿服务的原因

从志愿者参与的具体的疫情防控志愿服务来看（见图 1-26），排在前三位的是“核酸检测的扫码、环境消杀、楼栋叫号、现场秩序维护等”“分发口罩、抗原、中药等防疫物资”和“搬运分发街道派发的生活物资或者居民团购物资”，志愿者的参与比率分别为 90.6%、79.5%和 65.2%。

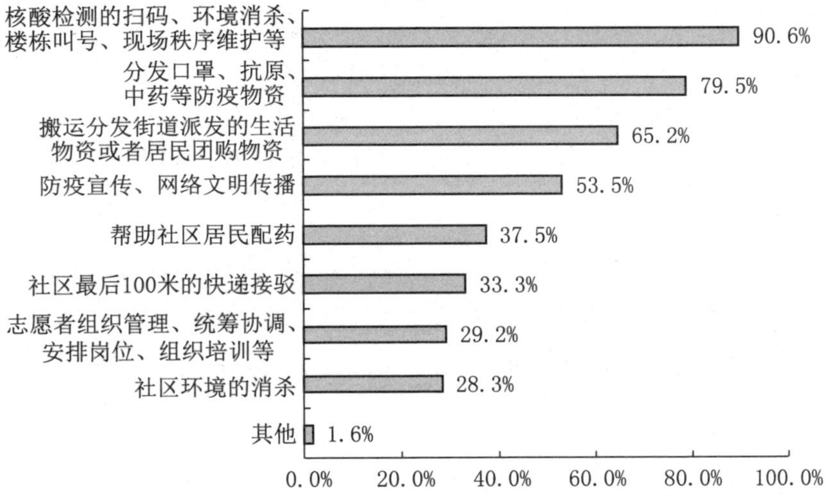

图 1-26　上海志愿者参与的疫情防控志愿服务

雷锋说，“一滴水只有放进大海里才能永远不会干涸，一个人只有当他把自己和集体事业融合在一起的时候才能最有力量”，一名志愿者就像是一滴水，千千万万滴水汇聚成了战胜疫情不竭的力量源泉。调查显示，从志愿者对自己参与疫情防控满意度来看（见图 1-27），满意率达 97.5%，其中近七成志愿者选择“非常满意”。

从上海志愿者参与疫情防控的收获来看（见图 1-28），志愿者选择比率最高的是“志愿者之间加深了友谊”（82.4%）、“增进了邻里关系”（73.9%）和“获得自我价值感”（68.8%），此外，还有 39.6%的志愿者选择“给孩子做了榜样”。志愿者在参与志愿服务中所收获的价值感与荣誉感，是雷锋精神代代传承下去的不竭动力。

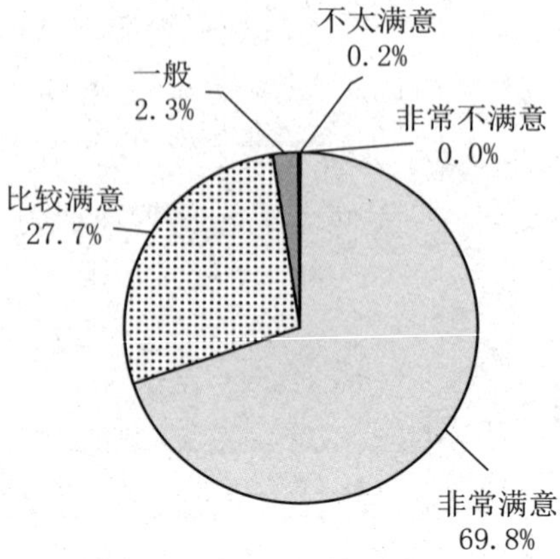

图 1-27　上海志愿者对自己在疫情防控中志愿服务的满意情况

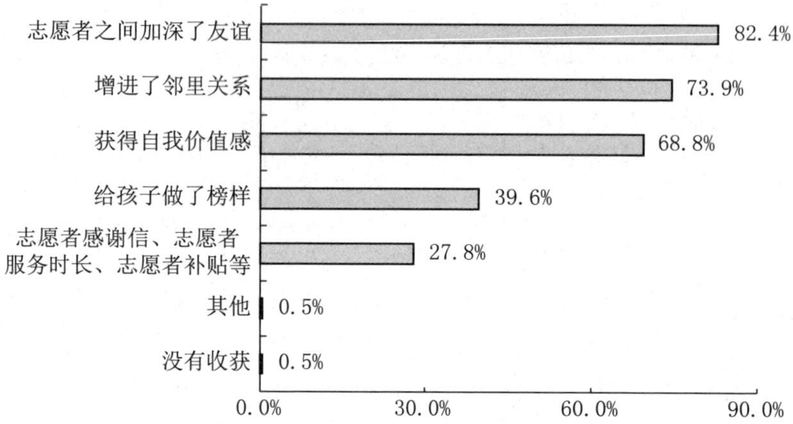

图 1-28　志愿者在疫情防控志愿服务中的收获

就志愿者在疫情防控中发挥作用的评价方面（见图 1-29），上海志愿者和市民的评价都非常高，表示肯定的比率均超过 95%。具体而言，志愿者表示肯定的比率达 97.5%，其中，志愿者选择“非常大”的比率为 80.6%，选择“比较大”的比率为 79.4%；市民表示肯定的比率达到 96.3%，其中市民选择“非常大”的比率为 79.4%，选择“比较大”的比率为 16.9%。

从志愿者和市民对志愿者在疫情防控中志愿服务的满意情况来看（见图 1-30），上海志愿者和市民的满意度均超过 95%。具体而言，志愿者表示满

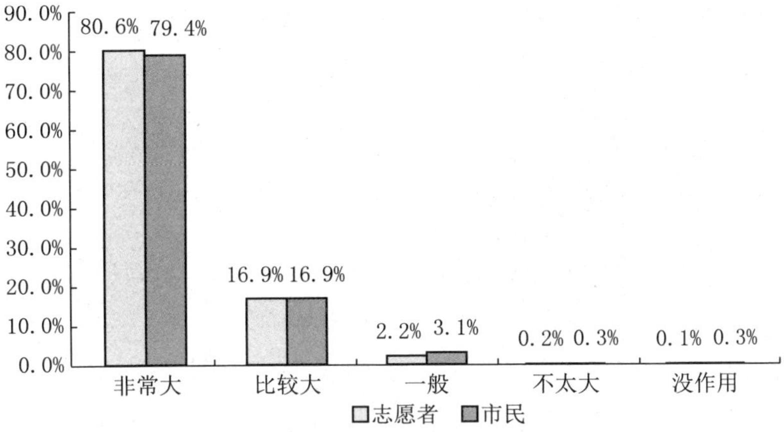

图 1-29　对志愿者在疫情防控中发挥作用的评价

意的比率达97.8%，其中选择“非常满意”的比率为76.0%，选择“比较满意”的比率为21.8%；市民表示满意的比率达到96.4%，其中选择“非常满意”的比率为77.6%，选择“比较满意”的比率为18.8%。

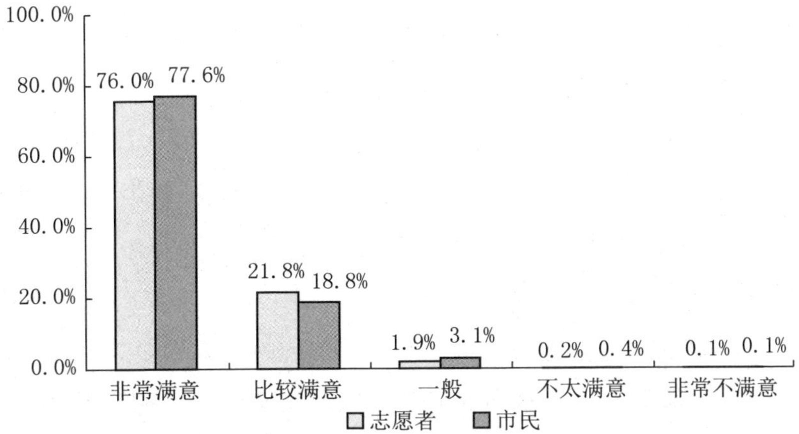

图 1-30　对志愿者在疫情防控中志愿服务的满意情况

从未来参与疫情防控志愿服务的意愿来看（见图1-31），上海有98.1%的志愿者和93.7%的市民表示今后如有需要，自己愿意参与疫情防控志愿服务。

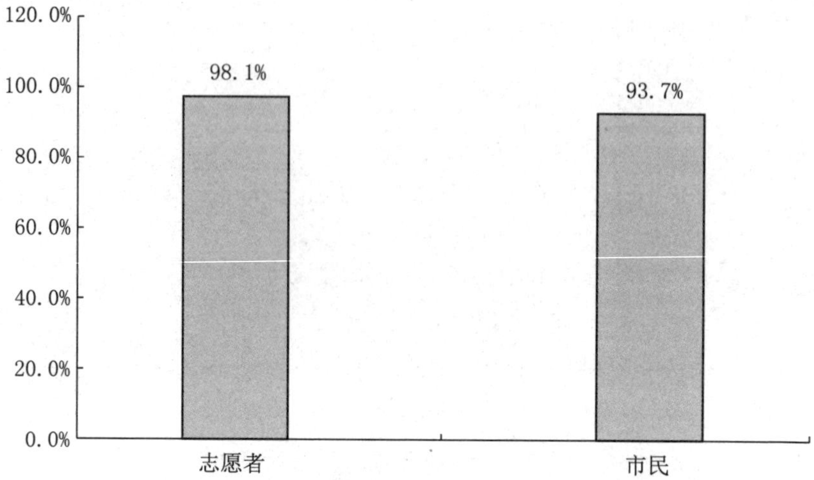

图 1-31　未来愿意参与疫情防控志愿服务的比率

2. 疫情防控激励嘉许保障力度大

习近平总书记指出，要“加强志愿服务保障和支持”。2022 年“大上海保卫战”期间，市文明办通过落实疫情防控志愿服务工作专项经费，拓展社会化物资筹措渠道，为疫情防控一线志愿者提供特定保险、专项证书、演出门票等，开展志愿者保险理赔和“关爱好心人”专项基金资助工作，开展关爱慰问志愿者活动等，着力提升疫情防控志愿者的美誉度和获得感。

同时，上海市文明办也积极推进指导志愿服务组织开展分层分类培训，据统计，全年有超过 196 万人次的志愿者参与文明实践和志愿服务专题培训，全年骨干培训率超过 96%。调查显示（见图 1-32），在志愿者接受的应急志愿服务培训方面，志愿者选择排在前三位的是“志愿者自我安全防护”“志愿服务的岗位培训”和“志愿者需秉持的志愿服务精神”，选择比率分别为 82.2%、67.0%和 49.2%。

在志愿者希望加强疫情防控志愿服务的培训方面（见图 1-33），上海志愿者选择比例从高到低依次为“志愿者自我安全防护”“志愿服务的岗位培训”“突发事件应急处置技能培训”“志愿者在服务过程中如何进行心理疏导”和“志愿者需秉持的志愿服务精神”，选择比率分别为 79.8%、64.8%、

49.5%、40.2%和 39.2%。

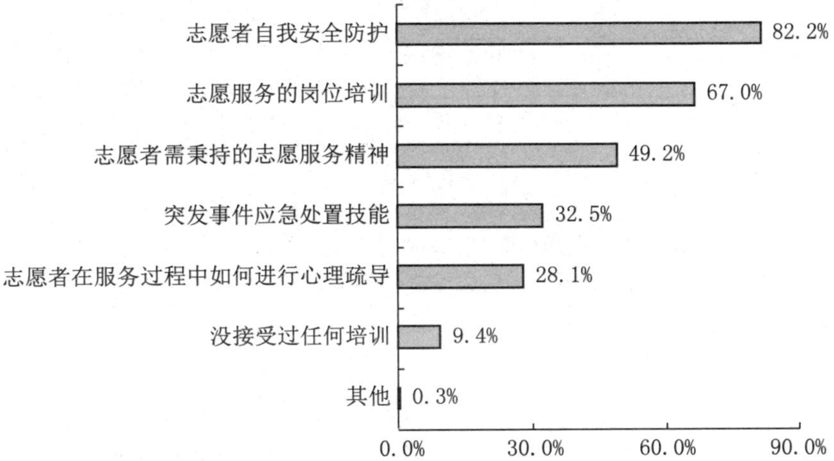

图 1-32　上海志愿者接受的应急志愿服务培训

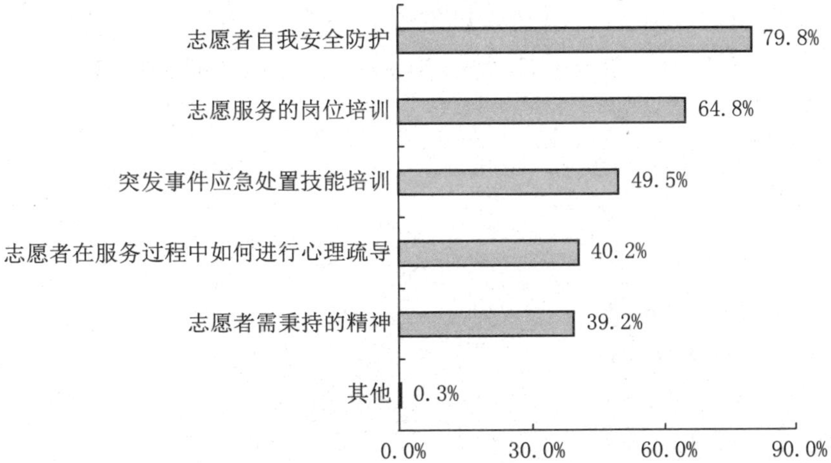

图 1-33　上海志愿者希望加强的疫情防控志愿服务培训

从志愿者对希望参与疫情防控志愿服务后能获得更多先进典型宣传和激励嘉许的机会的选择比率来看（见图 1-34），上海志愿者选择“是”的比率为 74.7%，选择“无所谓”的比率为 21.5%，选择“否”的比率为 3.8%。这表明大部分抗疫志愿者希望获得先进典型宣传和激励嘉许的机会。

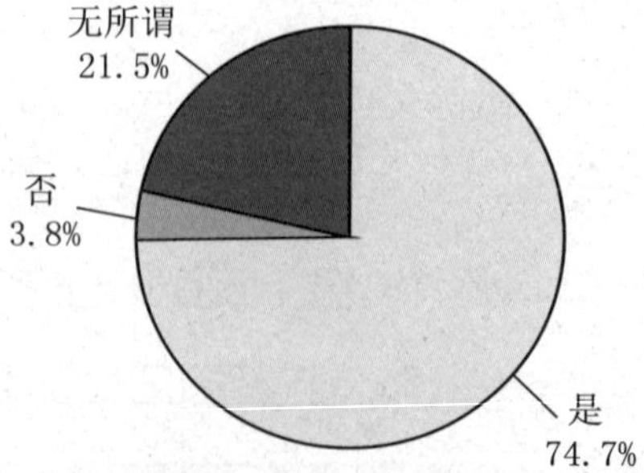

图 1-34　上海志愿者希望参与疫情防控志愿服务后能获得更多先进典型宣传和激励嘉许机会的比率

从上海志愿者和市民未来希望参与疫情防控志愿服务的类型来看（见表 1-10），在 31 类志愿服务中，排在前三位的是“核酸采样辅助志愿者”“文明劝导志愿者”和“测温验码志愿者”，其中志愿者的选择比率分别为 73.0%、59.3% 和 58.9%，市民的选择比率分别为 56.5%、45.9% 和 38.7%。

表 1-10　上海志愿者和市民希望参与疫情防控志愿服务的类型

	志愿者	市民
核酸采样辅助志愿者	73.0%	56.5%
文明劝导志愿者	59.3%	45.9%
测温验码志愿者	58.9%	38.7%
信息问询志愿者	38.8%	15.6%
物资搬运志愿者	35.6%	11.7%
安全巡查志愿者	33.9%	15.0%
便民服务志愿者	29.6%	10.9%
核酸检测志愿者	27.2%	5.3%
关爱帮扶志愿者	25.3%	5.9%
防疫宣传志愿者	23.6%	4.8%
代配药志愿者	22.1%	4.4%
环境消杀辅助志愿者	21.9%	3.2%
垃圾清运辅助志愿者	18.7%	3.2%

续表

	志愿者	市民
疫苗接种辅助志愿者	17.4%	1.5%
市民巡访志愿者	13.7%	2.7%
接送就医志愿者	13.2%	1.1%
信息技术服务志愿者	11.0%	1.3%
网络文明传播志愿者	10.7%	1.3%
流调溯源辅助志愿者	10.4%	0.5%
心理疏导志愿者	10.2%	1.7%
急救培训志愿者	9.5%	0.9%
健康咨询志愿者	9.3%	0.9%
应急救援辅助志愿者	9.2%	0.6%
文艺服务志愿者	9.1%	1.9%
转运隔离辅助志愿者	8.6%	0.3%
门诊导医志愿者	8.6%	0.6%
语言翻译志愿者	7.7%	1.5%
流浪救助辅助志愿者	6.9%	0.6%
法律援助志愿者	6.7%	0.6%
创业就业指导志愿者	6.5%	0.5%
其他专项志愿者	3.1%	0.6%

从上海志愿者在参与应急疫情防控志愿服务过程中遇到的问题来看（见图1-35），排在前三位的是“部分服务对象不配合不理解”“对志愿服务信息了解不够准确完整”和“自身专业能力和经验不足”，志愿者的选择比率分别为76.4%、34.9%和32.2%。

在志愿者和市民建议疫情防控志愿服务需要进一步加强的方面（见图1-36），上海志愿者和市民选择排在前三位的是“志愿者的法律、制度保障”“志愿者的防护设备和保障物资”和“志愿者保险保障”，志愿者的选择比率分别为69.5%、65.6%和54.4%，市民的选择比率分别为62.9%、58.3%和46.9%。

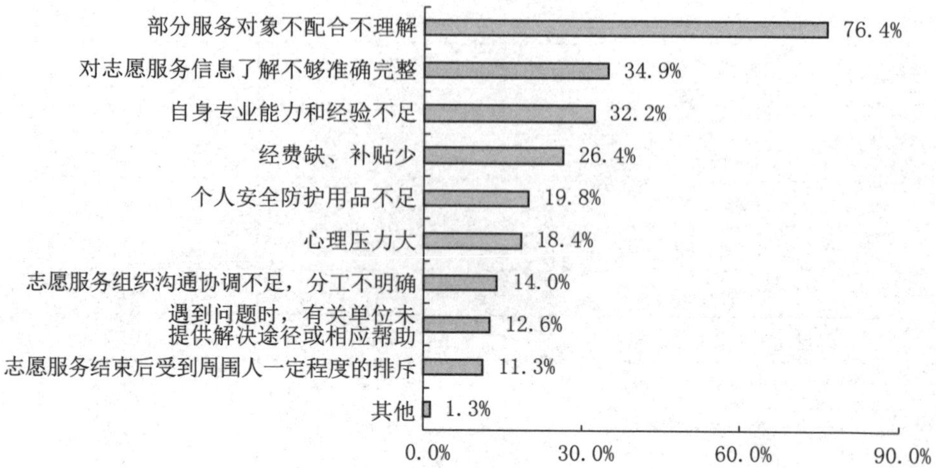

图 1-35　上海志愿者在参与应急疫情防控志愿服务过程中遇到的问题

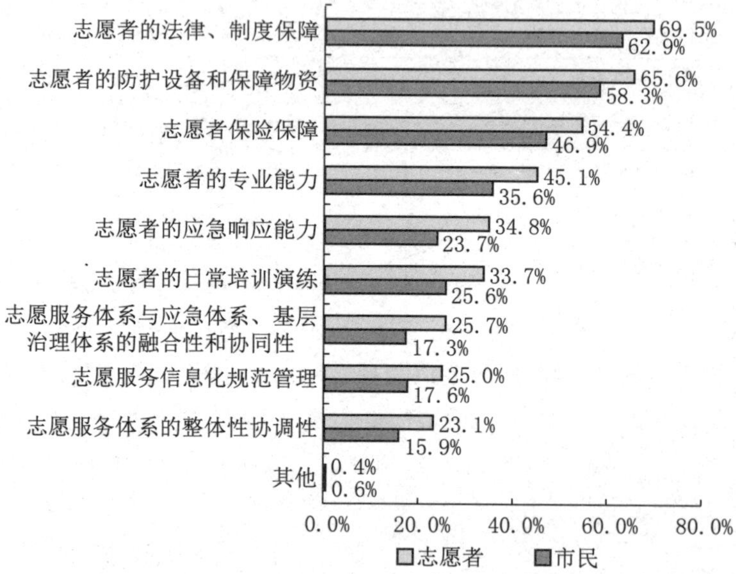

图 1-36　上海志愿者和市民建议疫情防控志愿服务需要进一步加强的方面

2022 年，志愿服务工作注重加强志愿服务信息化建设，推动“上海志愿者网”功能优化提升，进一步推进“上海志愿者”网站、微信公众号、小程序三平台数据互通。运用主动自查、全域筛查、月度抽查、专项督查等方式，加强“上海志愿者网”志愿服务数据核查和整改工作。“上海志愿者”网站和小程序 2022 年度访问量（PV）2.42 亿人次，日均 66.3 万人次；微信公众号、微博号全年发布信息 1440 条，阅读数 1272.8 万人次。调查显示，在志愿者和市民建议当前志愿服务信息化规范管理需要进一步加强的方面（见图 1-37），排在前三位的选项是“志愿服务信息系统功能升级”“全市各志愿服务系统信息数据互联互通”和“志愿服务信息系统的移动端应用更便捷”，其中，志愿者的选择比率分别为 69.2%、58.2%和 42.4%，市民的选择比率分别为 67.4%、52.2%和 37.1%，这既体现出志愿者和市民对志愿服务信息化建设的高期待，也为未来的工作指明了方向。由此可见，上海志愿服务的进一步发展，需要不断强化顶层设计，完善志愿服务制度和工作体系，为广大志愿服务组织、志愿者提供更高水平的激励嘉许、典型宣传等政策支持。

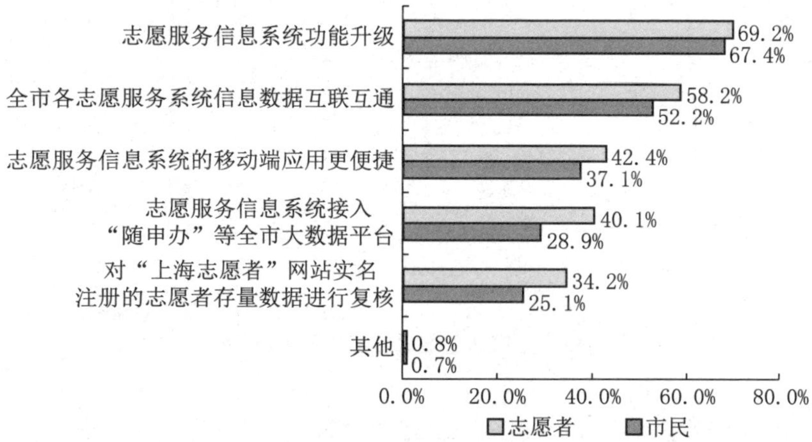

图 1-37　建议当前上海志愿服务信息化规范管理需要进一步加强的方面

（四）强化支持保障，志愿服务规范化态势明显

2022 年，上海志愿服务组织和项目获得蓬勃发展，为志愿服务活动的开展提供了有力保障。

1. 志愿服务组织规范运作

至 2022 年 12 月 31 日，上海志愿服务组织数量为 29214 个，比 2021 年增加 1397 个。在志愿服务组织的类型分布上（见图 1-38），社会团体数排在首位，为 8918 个，其次是从属于党政机关的志愿服务组织，为 6672 个，从属于居委会或村委会、国有企业以及教育事业单位的志愿服务组织数量也相对较多，分别为 3093 个、2085 个和 1809 个。此外还有部分志愿服务组织从属于各类事业单位、群团组织、非国有企业、社会服务机构以及基金会等。与 2021 年相比，增加的志愿服务组织主要集中在党政机关、事业单位以及居委会和村委会。

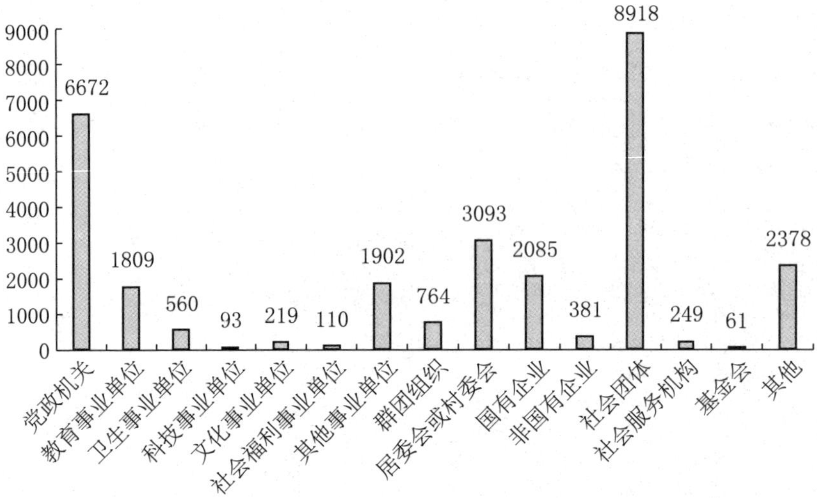

图 1-38　上海志愿服务组织类型分布（个）

上海志愿者主要参加的志愿服务组织从属的管理机构（见图 1-39），排在前三位的是“志愿者协会”“党政系统”和“民间社会团体、基金会”，志愿者的选择比率分别为 31.0%、25.5% 和 14.1%，志愿者协会的枢纽组织作用进一步体现。

从上海志愿服务组织提供的服务类别来看（见图 1-40），2022 年总共有 26 类，其中服务类别排在前三位的是便民类、宣传类和敬老类，数量分别为 10185 个、9745 个和 8127 个。与 2021 年相比，各种服务类别的志愿服务组织数量均有所增加。

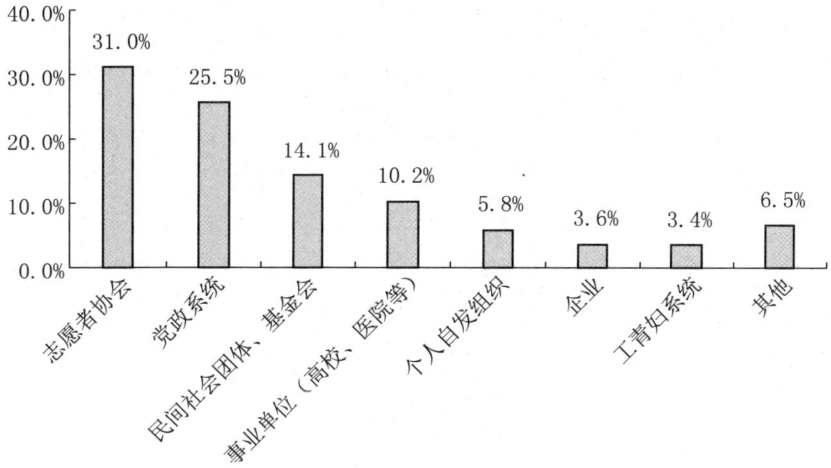

图 1-39　上海志愿者主要参加的志愿服务组织从属的管理机构

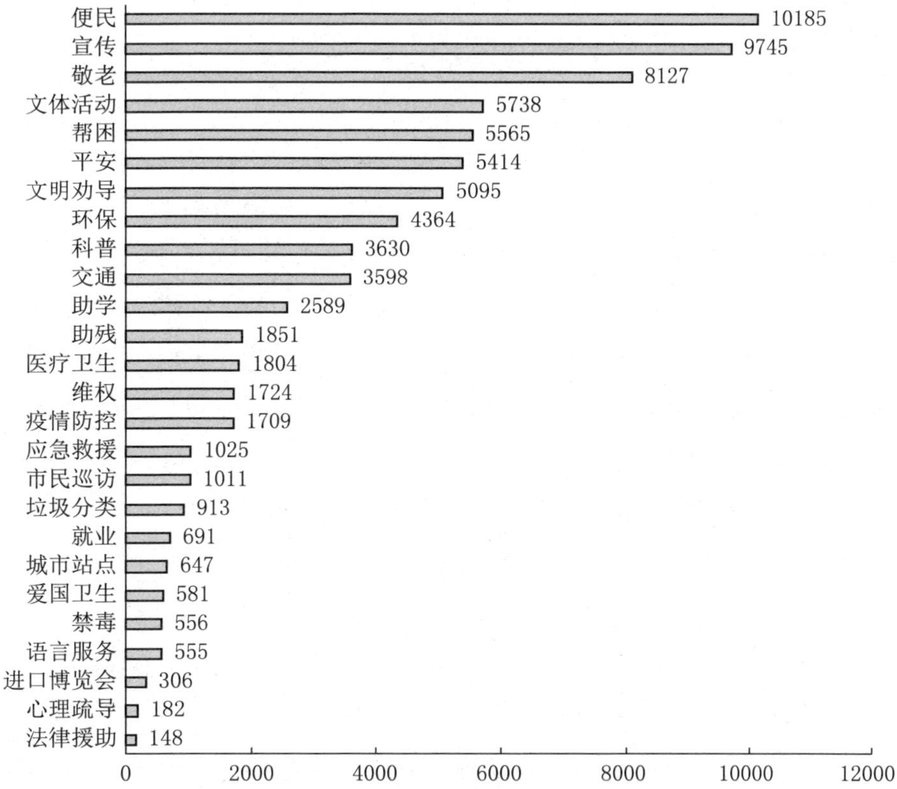

图 1-40　上海志愿服务组织服务类别分布

从上海志愿服务组织的规模分布来看（见图 1-41），人数少于 100 的占 68.1%，100—199 人的占 7.1%，200—499 人的占 9.8%，500—999 人的占 9.6%，组织规模在 1000 人及以上的占 5.4%。

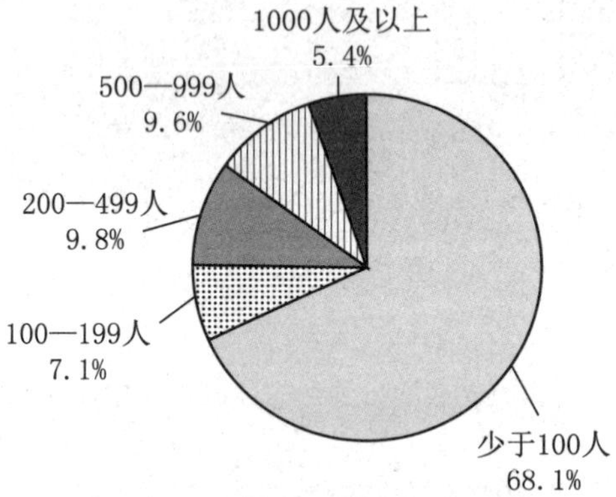

图 1-41　上海志愿服务组织的规模分布

从志愿者选择所参加的志愿服务组织提供的服务来看（见图 1-42），71.1% 的志愿者选择“及时、准确地记录您的志愿服务时长”、41.7%选择“为您购买志愿服务人身意外保险”，31.9%选择“为您提供基本的补贴（如交通、误餐、通讯补贴等）”、20.2%选择“和您签订书面协议，明确责任权利”、10.2%选择“没有任何服务”。因此，当前仍需推进志愿服务组织的规范化运作，为志愿者提供更全面的服务，更有力的支持和保障。

2. 志愿服务项目持续增长

自 2009 年以来，上海志愿服务项目的数量持续，截至 2022 年 12 月 31 日，在“上海志愿者网”上公布的志愿服务项目有 26 大类 531434 个（见图 1-43），志愿服务项目总时长超 7.3 亿小时，人均服务时长 111.56 小时。

在 26 类志愿服务项目中，数量排在前三位的是宣传类、便民类和文明劝导类（见图 1-44），数量分别为 199295 个、129777 个和 116835 个。

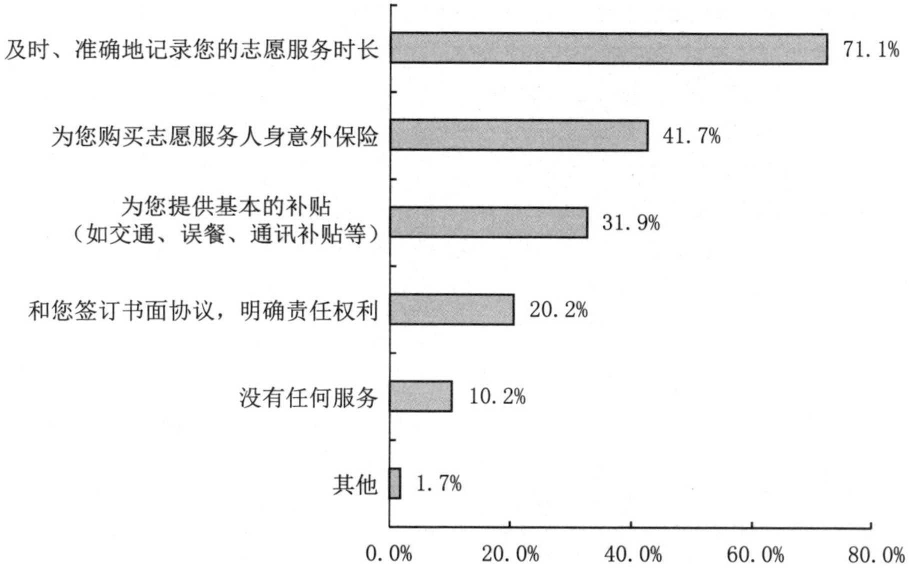

图 1-42　上海志愿者参加的志愿服务组织提供的服务

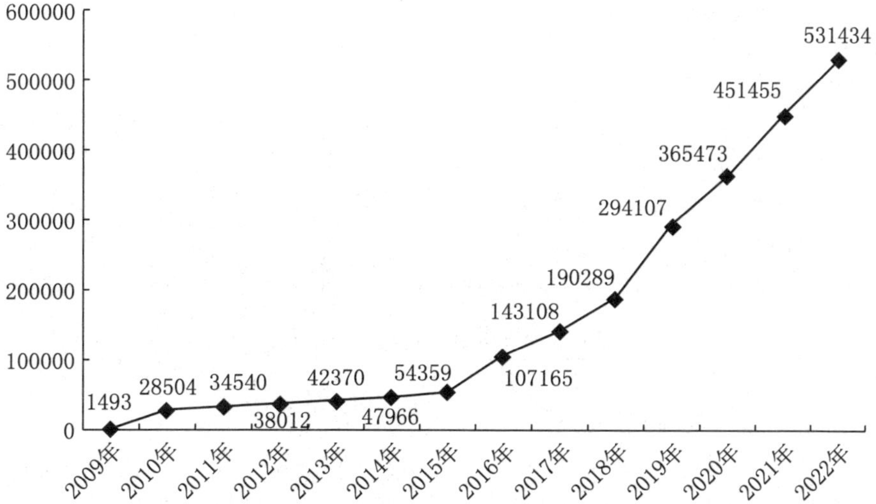

图 1-43　上海志愿服务项目数量（个）

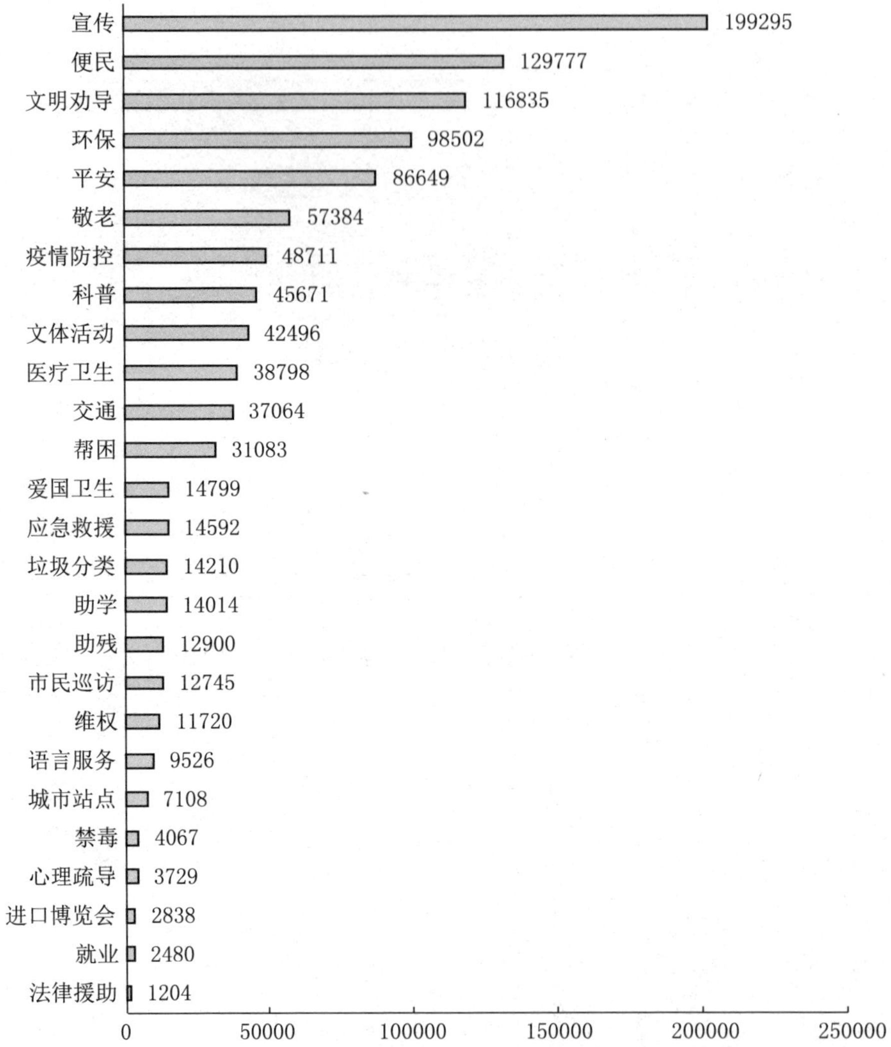

图 1-44　上海志愿服务项目分类统计（个）

对于志愿服务项目的运作，2022 年调查显示，上海志愿者认为目前开展志愿服务面临的主要问题（见图 1-45），排在前三位的是“资金问题”“组织问题”和“机制问题”，选择比率分别为 57.6%、35.1%和 34.6%。这也是未来加强志愿服务项目建设要重点加强的方面。

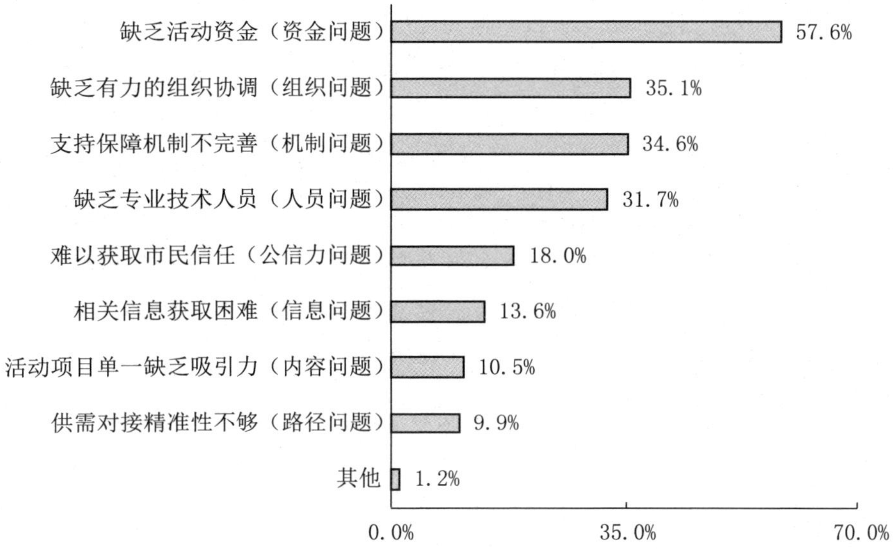

图 1-45　上海志愿者认为具体项目运作时志愿服务面临的主要问题

（五）附录上海志愿服务发展主要指标

序号	指　标	2015 年	2016 年	2017 年	2018 年	2019 年	2020 年	2021 年	2022 年①
1	志愿者注册率(%)	9.43	10.77	14.98	16.60	18.0	21.0	23.0	26.0
2	志愿者年服务时长（小时）	—	—	—	46934631	68975773	93350019	90370978	187288179
3	志愿者年人均服务时长（小时）	—	—	—	44.20	55.29	56.86	67.44	144.15
4	志愿者满意度(%)	76.1	90.1	92.4	90.1	96.1	97.2	98.1	94.9%
5	市民志愿服务接受率(%)	51.2	21.6	29.8	68.2	45.0	73.9	81.2	77.6%
6	市民满意度(%)	55.9	93.3	91.3	83.0	93.4	98.7	99.3	98.5%

注：1.志愿者注册率（%）：注册志愿者人数占常住人口总数的比率。2.志愿者年服务时长（小时）：志愿者一年内参与志愿服务的时间。3.志愿者年人均服务时长（小时）：志愿者一年内人均参与志愿服务的时间。4.志愿者满意度（%）：对自己参与的志愿服务表示满意的志愿者人数占参与调查的志愿者人数的比率。5.市民志愿服务接受率（%）：一年内接受过志愿服务的市民人数占参与调查的市民人数的比率。6.市民满意度（%）：对自己参与的志愿服务表示满意的市民人数占参与调查的市民人数的比率。

① 2016 和 2017 年调查由上海市统计局社情民意调查中心 12340 社情民意调查专线面向全市注册志愿者和市民开展电话访问完成,2018—2022 年调查委托问卷星系统完成。

二、2022年度上海志愿服务发展态势

2022年是党和国家历史上极为重要的一年。党的二十大描绘了全面建设社会主义现代化国家的宏伟蓝图。面对风高浪急的国际环境和艰巨繁重的国内改革发展稳定任务，以习近平同志为核心的党中央团结带领全国各族人民迎难而上，全面落实疫情要防住、经济要稳住、发展要安全的要求，加大宏观调控力度，实现了经济平稳运行、发展质量稳步提升、社会大局保持稳定，我国发展取得来之极为不易的新成就。这一年，志愿服务事业坚定不移贯彻落实习近平总书记关于学雷锋志愿服务的重要指示精神，把握新时代新要求，涵育主流价值，培育文明新风，在社会治理中持续发挥积极作用，开创了中国特色志愿服务崭新局面。

（一）当前志愿服务发展新形势

习近平总书记提出，"志愿服务是社会文明进步的重要标志"，"'志愿者事业要同'两个一百年'奋斗目标、同建设社会主义现代化国家同行"。这是党和国家对志愿服务重要作用的高度肯定，同时也是对新时代中国特色志愿服务发展方向的清晰定位。在党和国家的高度重视和全面推动下，志愿服务坚持以人民为中心的工作导向，不断完善制度和工作体系，主动服务国家重大战略，积极融入新时代中国式现代化建设大业。

1. 完善制度体系，中国志愿服务开启新征程

依照中国经济社会发展特征建立和完善志愿服务体制机制，是促进新时代中国特色志愿服务健康持续发展的根本保证。党的十八大以来，志愿服务持续进入国家发展规划，成为国家发展战略的重要组成。2022年，党和国家继续加强顶层设计、注重科学规划，对志愿服务作出了一系列重要指示，提出了明确工作要求，为推进中国志愿服务事业发展提供指引和保障。

党的二十大引领志愿服务完善制度和工作体系。党的二十大报告指出，要"统筹推动文明培育、文明实践、文明创建，推进城乡精神文明建设融合

发展”。同时提出“完善志愿服务制度和工作体系”工作安排，为新时代全面推进中国特色志愿服务事业提出了新的目标任务。12月，中共中央、国务院印发《扩大内需战略规划纲要（2022—2035年）》，对“健全志愿服务体系”的实现路径作了指引，指出要“发展社会工作服务机构和志愿服务组织，壮大志愿者队伍，搭建更多志愿服务平台，全面提升志愿服务水平。广泛开展志愿服务关爱行动。探索建立文明实践积分银行，将志愿服务活动、践行文明行为等纳入积分管理，促进形成志愿服务良好社会氛围”。同时，要“提高社区公共服务水平。构建公共服务、便民利民服务、志愿互助服务相结合的社区服务体系”。为下一阶段中国志愿服务的发展指出方向。

系列措施健全志愿服务功能机制。2022年3月，民政部组织完成行业标准《志愿服务项目基本规范》（征求意见稿），面向社会公开征求意见，旨在规范志愿服务项目，进一步推动志愿服务制度化发展。6月，中国科协、中央文明办联合发布《关于深入实施文明实践科技志愿服务“智惠行动”的通知》，围绕深化拓展新时代文明实践中心建设，以助力乡村振兴、助力城乡社区公共服务体系建设为重点，推动文明实践志愿服务平台建设向纵深发展。7月，民政部、卫生健康委、疾控局联合印发《新冠肺炎疫情社区防控工作指引》和《新冠肺炎疫情社区防控志愿服务工作指引》，主要围绕社区防控志愿服务的工作原则，疫情防控志愿服务应急准备，在应急状态下组织志愿者参与社区防控的任务、方法、流程及保障等内容提出操作性指引；12月，国务院应对新型冠状病毒肺炎疫情联防联控机制综合组研究制定出台《加强农村地区新冠肺炎疫情防控和健康服务工作方案》，指导动员志愿者更多参与农村新冠肺炎疫情防控和卫生健康服务，保障群众身体健康和生命安全。12月，应急管理部、中央文明办、民政部、共青团中央联合印发《关于进一步推进社会应急力量健康发展的意见》，为提升社会应急力量整体建设质量和发展水平提供科学指导，其中强调城乡社区应急志愿者在维护人民群众生命财产安全中的重要作用，指出要根据时代发展对应急志愿服务的要求，探索建立城乡社区应急志愿者网络体系。

2. 服务中心大局，中国志愿服务展现新担当

2022 年，中国特色志愿服务事业全面贯彻落实习近平总书记的指示批示精神，始终坚持围绕中心、服务大局，呈现出增进民生福祉、服务社会的能力不断增强，担当急难重任、社会治理的水平日益提升的整体局面。

志愿服务加入疫情防控筑起温暖防线。新冠肺炎疫情发生以来，广大志愿者和志愿服务组织主动请战，同心同力共筑防疫屏障，坚守在疫情防控最前线，成为国家防疫政策、措施落实中不可忽视的重要力量。2022 年，随着新冠肺炎疫情的发展和防控措施的调整优化，疫情防控志愿服务也进入新阶段。各级各类志愿服务队伍积极有序地开展便民服务、宣传劝导、秩序维护、心理疏导等疫情防控志愿服务活动，发扬睦邻友好、守望相助的时代新风，充分彰显新时代志愿者的担当与风采。

志愿服务助力冬奥展现中国形象。志愿服务是 2022 年北京冬奥会和冬残奥会的重要服务保障力量，据统计，冬奥会期间共有 18000 余名志愿者、冬残奥会期间共有 9000 余名志愿者投入服务，其中，35 岁以下的青年志愿者占了 9 成，成为志愿服务的主力军，提供的志愿服务涵盖体育竞赛、场馆管理、语言服务、新闻运行等多个领域。此外，还有 20 万人次的志愿者活跃在场馆周边、服务站点、重点社区等城市志愿服务站点，参与城市志愿服务。作为文化、友谊、团结的使者，志愿者获得广泛肯定和赞誉。国际奥委会主席巴赫专门向对冬奥志愿者致谢，习近平总书记在北京冬奥会、冬残奥会总结表彰大会上也特别指出："广大志愿者用青春和奉献提供了暖心的服务，向世界展示了蓬勃向上的中国青年形象。"

志愿服务参与应急救援践行责任担当。面对各类突发事件，志愿服务主动参与，全面发挥了救助、疏导、心理干预和凝聚等服务功能，展现了大义为先、大爱奉献的新时代志愿者形象。2022 年 8 月，在极端连续高温天气下重庆多地发生山火，在救援中，除了奋斗在一线的消防官兵之外，大批志愿力量逆行而上，共筑灭火长城，骑着摩托车在崎岖山路上传递急救物资的志愿者被亲切地称为"摩托骑士"。2022 年 9 月，四川泸定地震后，众多志愿服务组织和志愿者积极投入抗震救灾，以四川省青年应急志愿服务总队为

主体的应急志愿服务队伍通过“政社协同”发挥叠加效应，利用专业技能积极参与现场救援、物资发放、心理抚慰等志愿服务，发挥了巨大作用，成为应急志愿服务中的亮点。

3. 彰显价值引领，中国志愿服务扩大新舞台

志愿服务是促进精神文明建设的重要载体，是践行社会主义核心价值观的具体表现。2022年，志愿服务全面参与学习宣传贯彻习近平新时代中国特色社会主义思想，不断提升涵育主流价值、培育文明新风的引领力，在广泛践行社会主义核心价值观、提高全社会文明程度中起到积极且重要的作用。

紧扣主线强化志愿服务引领传播。志愿服务紧扣学习宣传贯彻党的二十大精神主线，全方位宣传党的十八大以来在以习近平同志为核心的党中央坚强领导下取得的原创性思想、变革性实践、突破性进展和标志性成果。通过宣传新思想、传播新理论、倡导新文明，志愿服务在强信心、聚民心、暖人心、筑同心上持续发力，激励广大人民共同奋斗的同时，也提升和增强了众志同心的凝聚力和同舟共济的向心力。

扩大激励厚植志愿服务文化沃土。奉献、友爱、互助、进步是志愿服务精神的时代内涵，在加强正面宣导，大力弘扬志愿精神的同时，各相关部门也通过对先进典型的广泛宣传，扩大志愿服务的影响力，形成“见贤思齐”的良好社会风尚，激发广大民众志愿活动的参与热情。2021年10月—2022年3月，中央宣传部、中央文明办等21个部门和单位组织开展2021年度全国学雷锋志愿服务“四个100”先进典型宣传推选活动。3月，全国妇联启动2022年巾帼志愿服务关爱行动，并举行全国巾帼志愿服务关爱行动微电影大赛暨新时代巾帼志愿服务征集展示活动揭晓仪式；中国老龄协会公布2021年度全国老年志愿者和老年志愿服务组织典型事迹征集活动结果。5月，国家文物局、中央文明办联合组织开展首届全国博物馆志愿服务典型案例征集推介活动。6月，生态环境部、中央文明办、辽宁省人民政府联合举办2022年六五环境日国家主场活动，现场揭晓2022年“‘美丽中国，我是行动者’提升公民生态文明意识行动计划”先进典型名单，其中评选出最

美生态环境志愿者104位。12月，中国科协公布2022年度科技志愿服务先进典型名单；体育总局公布2022年全民健身志愿服务项目库入选项目名单；共青团中央、中央文明办等部门联合中共山东省委、山东省人民政府共同主办第六届中国青年志愿服务项目大赛暨2022年志愿服务交流会。

搭建平台推动志愿服务走向世界。2022年4月27日，在中共中央对外联络部指导下，中国民间组织国际交流促进会、中国国际交流协会、中国志愿服务联合会合作举办的中国志愿服务联合会国际志愿服务工作委员会成立大会在北京召开。国际志愿服务工作委员会由中国志愿服务联合会和中国民间组织国际交流促进会联合发起成立，致力于为国际志愿服务搭建交流合作平台，推动中国志愿服务走向世界，为增进全人类共同福祉、推动世界文明进步作出更大贡献。11月，习近平主席在出席中非合作论坛第八届部长级会议开幕式时，宣布举办中非青年志愿服务论坛。12月2日，中国国际青年交流中心协办的中非青年志愿服务论坛以线上线下结合的方式在北京开幕，论坛主题为“凝聚青年志愿服务力量，构建中非发展伙伴关系”，旨在加强志愿服务领域的国际合作，搭建助力中非青年共同发展的交流平台，以精准务实的志愿服务项目推动中非青年实现共同发展。

（二）上海志愿服务发展态势

过去一年，在市委、市文明委领导下，上海坚持以习近平新时代中国特色社会主义思想为指导，以学习宣传贯彻党的二十大为主题，经过“大上海保卫战”的洗礼，准确把握新时代的新形势和新要求，新时代文明实践和学雷锋志愿服务踔厉奋发，为把上海建设成为具有世界影响力的社会主义现代化国际大都市提供了坚强思想保障和强大精神动力。

1. 凝聚合力激发活力，体制机制不断完善

认真学习贯彻党的二十大精神，坚持党对志愿服务的全面领导，注重健全体制机制，广泛动员社会力量共同推动志愿服务事业再上新台阶。

一是加强组织引领，凝聚社会合力。在市文明办的统筹协调下，上海进一步推进志愿服务五大体系建设，通过协同联动不断完善“一体、两翼、两

中心、一团”志愿服务工作格局，有效提升志愿服务的社会动员力。至2022年12月31日，在全国志愿服务信息系统上海志愿者网实名认证注册志愿者达到600万余人，占常住人口比率超过26%，比2021年全市新增实名认证注册志愿者70万余人，常住人口占比上升3个百分点。2022年累计志愿服务时长大于0的注册志愿者总数为4351541人，占比达65.83%；人均服务时长为144.15小时；注册志愿者中完成上海志愿者星级认证的共有108546人，其中完成三星及以上（累计服务时长超过600小时）认证的有20662人。同时，2022年上海志愿者网累计发布志愿服务项目531434个，项目总时长达737478795.5小时；全市有志愿团体29214个，市级志愿服务基地215家，市志愿者协会直属志愿服务总队111支。

二是强化统筹协调，融入城市治理。整合全社会力量，统筹推进志愿服务有效融入基层社会治理。“大上海保卫战”期间，上海强化各级文明办牵头协调、新时代文明实践中心统筹资源、志愿服务中心组织实施、志愿服务组织各展所长、社会各方支持保障的疫情防控志愿服务工作机制，齐心筑牢坚实屏障。各级志愿服务组织在“上海志愿者网”共发布1.6万个疫情防控志愿服务项目，招募57万余名志愿者，围绕核酸和抗原筛查、小区封控管理、民生物资保障、弱势群体帮扶、市民心理疏导等累计开展志愿服务超过5370万小时。6月，转入常态化疫情防控阶段，市文明办牵头成立市疫情防控志愿服务工作组，通过建立健全全市疫情防控志愿服务统筹协调机制，着力建强由31类细分岗位组成的志愿服务队伍，有效形成常态化疫情防控志愿服务工作合力。据统计，常态化疫情防控期间全市每日上岗志愿者达到19万人次，储备志愿者数量超过31万人，为巩固疫情防控成果，有序恢复正常生产生活秩序提供重要助力。11月，第五届中国国际进口博览会期间，上海市结合文明实践“一圈一带一群”建设工作，在国家会展中心周边、机场、轨交、车站、重要商圈等重点区域和行业窗口单位，全面布点设置城市文明志愿服务站（岗）492个，组建城市文明志愿服务队292支，超过4.2万名志愿者参与了疫情防控、交通文明、游客咨询、秩序维护、环境保护、医疗救援等各类志愿服务，成为一道靓丽的进博会“风景线”。此外，围绕民生领域“老小旧远”“急难愁盼”问题，上海推动邻里守望、扶弱济困、敬老助老等各类民生志愿服务项目在基层落地生根，让志愿服务全面融入共建共治共享的社会治理体系，提升基层社会治理的效能。

三是完善激励嘉许，夯实服务保障。在强化服务能力的同时，上海进一步健全激励志愿服务的常态化机制。在市文明办的指导下，全面推进《上海市学雷锋志愿服务激励嘉许实施办法（试行）》在基层落地见效，金山、普陀、奉贤等区因地制宜探索整合区内各类文化、旅游和医疗等资源，为星级志愿者提供景点门票、医疗救助、文体活动等礼遇优待。“大上海保卫战”期间，市志愿者协会协调中国人寿上海分公司为疫情防控志愿者免费提供最高赔付 50 万元的“守护志愿者”特定保险；市文明办统筹拓展社会化物资筹措渠道，坚持以“重灾优先、急需速配”原则制定物资分发计划，筹集并向基层配送总价值超过 2610 万元的 1600 余万件防护设备和保障物资，为疫情防控一线志愿者提供保障；落实中宣部拨付的疫情防控志愿服务工作专项经费，通过提供力量调配、资源对接、关爱慰问、宣传典型、补助发放、防护装备、生活物资等多元化措施为志愿者提供支持。开展志愿者保险理赔和“关爱好心人”专项基金资助工作，全年共为 165 名志愿者理赔 131.3 万元，向 93 名生活遇到困难的志愿者资助 58.6 万元。将“上海志愿者网”累计志愿服务时间大于 50 小时的 183 万名实名注册志愿者纳入市信用平台。结合夏季高温、重要节庆、重大赛会等节点，通过文艺演出、走访慰问等形式，开展关爱慰问志愿者活动，着力提升志愿者的美誉度和获得感。

2. 筑基提质赋能发展，能力建设不断加强

服务能力是推动志愿服务提质增效的重要保障，通过多元途径提升志愿服务信息化、专业化、理论化水平，切实加强志愿服务的能力建设。

一是信息化建设推进志愿服务互通互联。推动“上海志愿者网”功能优化提升，在加强对数据的规范管理和核查整改的同时，进一步推进“上海志愿者”网站、微信公众号、小程序三平台的数据互通，提高群众参与志愿服务的体验度与便捷度。依托多元平台提升志愿服务信息化服务和管理能

力，如“大上海保卫战”期间通过“上海市新时代文明实践综合服务平台”规范发布疫情防控相关信息，共发布疫情防控类资源需求854单，完成5052项资源供需对接，发布疫情防控类服务群众项目供单超1.84万单，收到群众点单超4.04万单、评单超2.53万条；在“上海志愿者”网站开通“上海市新冠肺炎疫情防控志愿服务证书（2022年版）”在线申领功能等。

二是常态化培训提升志愿服务专业能级。通过线下线上相结合的方式，全面落实面向志愿者和志愿服务组织等的常态化专业化培训，提升志愿服务的综合服务能力。市文明办指导各级各类志愿服务组织分层分类开展培训，特别是“大上海保卫战”期间，明确提出“未接受培训和配备必要防护装备的，不得上岗”的志愿服务要求，并依托“上海志愿者”网站和小程序开辟“疫情防控志愿服务”专区，共计发布疫情防控志愿服务岗前培训课件59个、培训信息171条，开展疫情防控在线直播培训10场，累计培训达到707.5万人次，为引导疫情防控志愿服务科学、安全、有序、高效开展提供坚实保障。做好《志愿心》等志愿服务培训教材的推广和使用，开发制作《红十字应急救护知识普及与实操展示》等25个培训课件，为“人人都是志愿者、人人都是软实力、人人展示软实力”提供有力支撑。

三是科学化研究促进志愿服务高质量发展。上海积极推进以理论研究促进志愿服务的健康发展。结合“3·5”学雷锋日发布2022年度《上海志愿服务发展报告》和《上海志愿服务蓝皮书（2022）》，这也是上海连续第七年发布年度《上海志愿服务发展报告》，连续第五年出版《上海志愿服务蓝皮书》。为更好贯彻落实党的二十大关于“完善志愿服务制度和工作体系”要求，市文明办、市志愿者协会、市志愿服务研究中心和上海社会科学院社会学研究所联合开展面向市民、志愿者、志愿服务组织的专项问卷调查，聚焦志愿服务感受度、参与度、满意度以及新时代群众新需求、社会新期待等方面进行分析研究，并于12月5日发布“学习宣传贯彻党的二十大精神——2022年上海市文明实践和志愿服务专题调查成果”，通过问需于民、问计于民，为推动上海市文明实践和志愿服务高质量发展找准工作发力点和着力点。

3. 特色凸显亮点聚焦，宣传能效不断放大

牢牢抓住服务群众、凝聚群众的志愿服务目标任务，在推进制度化建设的同时，不断提升志愿服务的常态化、特色化、品牌化程度，扩大志愿服务的社会影响力。

一是典型引领，营造崇德向善社会风尚。2022 年公布的 2021 年度全国学雷锋志愿服务“四个 100”先进典型中，上海市获最美志愿者 7 名、最佳志愿服务组织 7 个、最佳志愿服务项目 6 个、最美志愿服务社区 5 个共计四个类别 25 个奖项，继续位居全国第一。市文明办牵头组织开展 2022 年度全国学雷锋志愿服务“四个 100”先进典型上海推选活动，通报表扬上海市优秀志愿者 97 名、志愿服务优秀组织者 29 名、志愿服务先进集体 52 个、优秀志愿服务项目 30 个，第四届进博会优秀志愿者 151 名、先进集体 34 个。通过榜样力量大力培育和践行社会主义核心价值观，组织力量汇编出版《2015—2019 年全国最美志愿者故事集》，依托《上海故事》杂志社全年刊登 12 篇“最美志愿者”优秀事迹，制作了“四个 100”上海先进典型宣传视频等宣传资料，并配送至各级各类新时代文明实践和学雷锋志愿服务阵地，在增强广大志愿者的荣誉感、责任感和归属感的同时，积极营造向上向善的良好社会风尚。

二是擦亮品牌，构筑人人参与浓厚氛围。扩大“上海志愿者”品牌影响力，推动“上海志愿者”形象纳入上海城市形象资源共享平台（IP SHANGHAI)。持续打造“进口博览会城市文明志愿服务”品牌，深化“党员先锋、美丽家园、平安守护、暖心微笑、文明风尚”五大行动，在全市布点组建城市文明志愿服务站 248 个、服务岗 244 个、服务队 292 支，提升城市文明志愿服务站、服务岗、服务队的规范化建设水平。打响“文明实践在上海”品牌，激发基层的创新活力和内生动力，在切实打造“闵理+”文明实践会客厅、“日晖有戏”、文明实践“充电宝”等 2460 个文明实践品牌项目的同时，培育“生命守护者”应急志愿服务队、“走读苏河”故事队等 2530 支优秀团队，以真情服务强信心、暖人心、聚民心、筑同心。开展上海市市民巡访团成立 20 周年系列活动，擦亮市民巡访金字招牌。提升“上

海市文明实践志愿服务季”品牌内涵，发布文明实践和志愿服务百个重点项目，发起“六个我践行”系列倡议，开展“文明实践大家谈”圆桌对话，培育“志愿者讲水岸故事”等一批“文明实践在上海”品牌项目，营造“人人起而行之，处处守望相助，时时共情共鸣”的生动图景。

三是丰富宣传，厚植志愿精神弘扬正气。结合志愿服务主题活动开拓制作上海市新时代文明实践志愿文化宣传品、进口博览会志愿文化宣传品；举办“捧在手心里的温暖”咖啡杯套志愿文化创意系列活动并纳入上海咖啡文化周重点推介活动，线上开设话题征集及评选点赞互动，参与人数突破 2200 万；徐汇、嘉定等区联合咖啡企业、文创企业、咖啡行业联合工会等开展线下活动，累计征集市民群众作品近千件。举办“喜迎二十大奋进新征程”——微光成炬同心守“沪”上海市疫情防控志愿服务宣传主题展，在 14 个区开展线下巡展，共征集绘画和摄影作品、书信等来自市民群众赠送的实物展品超过 2 万件，采用图文、视频、实物、互动装置等形式展示“大上海保卫战”期间广大志愿者及市民的抗疫故事，累计近 10 万人次观展参与。把上海志愿者的好故事不断传递到群众身边，全年依托“上海志愿者”微信视频号、抖音号发布视频 922 条，累计超 1600 万人次观看；推出 40 期《直通 990》“为志愿加油”特别节目，累计超 1 亿人次收听。中央电视台《新闻联播》专题报道“上海实现新时代文明实践中心阵地全覆盖”，上海市新时代文明实践中心建设经验成效还得到新华社、《雷锋》杂志社等中央媒体持续关注和报道。

4. 创新路径双线发展，协同联动不断深化

上海深化拓展新时代文明实践和志愿服务的协同联动和双向融合，形成文明实践处处可为，志愿服务人人参与的整体格局。

一是创新打造文明实践“一圈一带一群一园”。聚焦民生需求和城市精细化管理，打造“15 分钟文明实践圈”；聚焦黄浦江苏州河滨水公共空间共享共治，打造“一江一河”文明实践带；立足新城功能定位和市民需求，打造“五个新城”文明实践群；立足文明实践融入群众日常生活场景，培育并命名辰山植物园、航华公园、上海之鱼城市公园群等首批 41 家新时代

文明实践公园，推动新时代文明实践中心建设与上海城市发展同频共振。与此同时，通过导入优质资源、整合多元资源等方式，推动一批牵引性带动性强的文明实践志愿服务项目落地扎根文明实践中心圈，构建了广覆盖、集约化、精细化服务网络。

二是紧扣主题主线开展文明实践特色活动。启动“奋进新征程　投身新实践　建功新时代”上海市学习宣传贯彻党的二十大精神文明实践主题活动，以学习阅读、基层宣讲、展览展示、文化演艺、实事惠民等五大行动为抓手，广泛开展文明实践主题活动，自党的二十大胜利召开至2022年底，各区开展学习宣传市第十二次党代会精神等基层理论宣讲志愿服务活动1.06万场，开展学习宣传贯彻党的二十大精神主题性文明实践活动9106场，让文明实践正能量成为涌动申城的大流量，文明实践好声音成为凝心聚力的最强音。围绕文明实践六项工作，广泛开展“传播理论我践行”“凝心铸魂我践行”“市民修身我践行”“弘扬新风我践行”“涵育文化我践行”“志愿服务我践行”等六大实践行动，形成党史和理论宣讲、红色文化传播、心理疏导、疫情防控、垃圾分类、帮困助残等常态化文明实践项目3.91万项（其中常态化文明实践志愿服务项目超过2.8万项），广泛开展“新七不”宣传、市民修身、爱国卫生、清瓶行动、乡风评议、文化科技卫生“三下乡”等文明实践活动超过22.57万场，使文明实践成为市民群众触手可及、处处可见、时时可享的生活方式。

三是坚持惠民利民文明实践赋能提速。围绕学习宣传贯彻二十大精神，强化条块联动资源下沉，统筹推动发挥行业优势，强化与文明实践中心、分中心的条块联动，以志愿服务为载体为基层治理聚力赋能。充分发挥“上海市新时代文明实践综合服务平台”三单式资源供需对接流程和五单式服务群众流程作用，通过建立市级优质资源每周重点推荐机制、线上线下协同运行等方式，加强资源统筹力度和服务对接精度。“上海市新时代文明实践综合服务平台”全年共发布面向组织的资源供给31.89万项，资源需求1.48万项，完成超过8.34万项资源供需对接，不断提升常态化精准化服务群众的效能。市文明办积极协调合作各类平台，为基层更好开展内涵丰富、形式多样的文明实践活动和志愿服务活动提供智力支持和技术保障。协同中央广播电视总台向各区新时代文明实践中心捐赠精品节目库和机械设备、系统等，联合“学习强国”上海平台推出学习宣传贯彻党的二十大精神主题等精品课程，并制作相关精品课程海报配送至7000多个各级各类文明实践阵地。牵头制作《上海市深化拓展新时代文明实践中心建设工作宣传手册》、新时代文明实践阵地“云参观”视频等，并配送至各级基层文明实践中心，以提升基层文明实践工作者队伍服务群众的能力和水平。

三、上海志愿服务发展的现实挑战、应对思路与对策

2022 年，上海志愿服务在助力打赢“大上海保卫战”的实践中，坚持以习近平新时代中国特色社会主义思想为指导，着眼培育时代新人、弘扬时代新风，大力弘扬社会主义核心价值观，注重健全体系、增强实效，深入推进志愿服务制度化，更好地发挥志愿服务围绕中心、服务大局、引领风尚的作用，持续推动上海志愿服务持续高质量发展。但与此同时，在工作实践中，依然存在着一些“短板”问题，制约着上海志愿服务的进一步提升。正由此，在 2023 年，上海志愿服务要进一步深入贯彻党的二十大精神，进一步转变理念和工作方式，不断推进体制机制创新，并由此进一步提升上海志愿服务高质量发展的能级和水平。

（一）当前上海志愿服务发展面临的现实挑战

进入新发展阶段以来，上海志愿服务在新发展形势、新发展理念与新发展要求下，尤其是在 2022 年抗击新冠肺炎疫情和服务保障进博会等重要活动中彰显力志愿力量，并以此带动民生服务、社会治理等日常化、生活化、普及化的志愿服务持续提升；在夯实志愿服务活动社会基础的同时，志愿服务活动的制度化、常态化持续推进，信息化程度不断提升。但与此同时，当前上海志愿服务活动面临着一些现实的挑战和瓶颈，主要体现在以下几方面：

1. 志愿服务制度化支持保障有待进一步提升

推动实现中国特色志愿服务事业的高质量发展，制度保障是关键。党的二十大对完善志愿服务制度和工作体系提出了新的更高要求。只有在制度化的框架下，志愿服务各项工作、各个环节、各类要素才能在规范、有序的环境下健康发展、成熟、壮大，才能更好地发挥志愿服务在促进社会和谐稳定、推动经济社会发展中的应有作用。近年来，上海在推进志愿服务制度化方面取得积极进展，为志愿服务的持续高质量发展提供坚实的保障。但与此同时，还要注意到这些志愿服务制度还需要进一步完善优化。调查显示，当问及“疫情防控志愿服务应该在哪些方面加强”时，“志愿者的法律、制度保障”（62.9%的市民和69.5%的志愿者）、“志愿者的保险保障”（46.9%的市民和54.4%的志愿者）等最为迫切，还有就是“志愿服务体系与应急体系、基层治理体系的融合性和协同性”（17.3%的市民和25.7%的志愿者）也显得极为必要；而从志愿服务组织来看，“加大志愿服务活动规范管理和有效监督”（54.7%）、“加强志愿者的权益保障”（46.7%）等则较为重要。由此可见，构建志愿服务在新发展阶段的良好格局，离不开志愿服务制度的进一步完善和优化，并且在社会风险日益复杂化和不确定性的背景下，尤其是要围绕志愿者、志愿服务组织以及志愿服务体系的运行保障，形成与其他社会体系及机制的融合性与协同性则显得更为重要。

2. 志愿服务组织化协同联动有待进一步增强

志愿服务组织的发育程度是衡量一个国家社会活力的重要尺度，也是志愿服务持续高质量发展的重要载体。需要指出的是，如今的志愿服务组织化实践已然超越传统有形的组织形态，出现了实体和虚拟志愿服务组织并存的状态，尤其是通过线上和线下的协同联动，共同提升志愿服务的功能。正是从这个意义上看，如何进一步提升志愿服务组织能力和组织化发展至为关键。调查显示，志愿服务组织面临的困难主要体现在“缺乏专业队伍”（54.0%）、“招不到合适的志愿者”（49.32%）和“缺少好的服务项目”（36.8%）、“资金入不敷出，缺乏稳定的资金来源”（33.1%），且受到疫情影响而出现“项目数量减少”（54.9%）、“经费保障不足”（51.1%）、“活动难以开展”（49.6%）、“志愿者难以招募”（46.6%）等问题，尤其是在独立第三方志愿服务组织的情况则更加显著，他们也更多希望从“政策支持”（75.6%）、“资金、场地保障”（59.1%）和“加大对项目开发、业务交流、承接公共服务等支持力度”（53.2%）等方面入手，提升自己的服务开发和社会拓展能力。从现实看，随着线上线下协同联动的格局已然形成，要着力加强志愿服务组织转型引导和促进，通过一系列支持政策促使他们实现从传统服务方式向线上线下相结合转向，不断提升组织发展能力。

3. 志愿服务专业化能力建设有待进一步加强

志愿服务的专业化始终是志愿服务自身可持续发展的重要方向。尤其是在疫情防控等应对常态化的社会风险、实现社会结构的重建和社会秩序的恢复过程中，志愿服务、社会工作等专业化社会力量参与社会治理新格局已经形成，并在分工与合作中构建起良性运转的志愿服务体系机制，这些都是志愿服务专业化发展的积极成效。尤其是随着志愿服务高质量、可持续地进一步发展，对于专业化提升的需求更加迫切。近年来上海志愿服务专业化水平提升很快，尤其是在疫情防控中发挥了积极作用，如调查中显示，相较于其他问题，“志愿者人员素质不适应服务要求”等人员问题已经得到极大改善（13.5%的市民和13.1%的志愿者）；但与此同时，还存在着一些现实性的“短板”需要关注。调查显示，“缺乏专业队伍”（54.0%）已经成为开展志愿服务的最大困难，“自身专业能力和经验不足”（32.2%）也是在疫情防控志愿服务所面临的主要问题。正是这种专业素养的相对不足，使得加强培训和专业化能力提升成为志愿者和志愿服务组织发展的共同需求，“志愿者和志愿服务组织培训”（34.0%）成为今后志愿服务发展的重要任务。这就需要更多地激发源自社会各方面专业资源，辅之以政府强有力支撑，才能进一步夯实志愿服务的基层基础。

4. 志愿服务社会化资源统筹有待进一步加强

资源是推动志愿服务有效融入基层社会治理的物质基础。无论是志愿者还是志愿服务组织，只有提升资源动员能力，才能保证志愿服务活动的顺利开展，才能保证自身发展的可持续性。需要指出的是，要注重将各种社会要素、功能要素有机整合，将其资源化进而发挥其作用。近年来，上海在推进志愿服务资源整合方面持续发力，尤其是在资源配置优化方面进行制度创新，以条块联动为代表的机制创新已经成为推动资源整合和配置的重要依托。但从现实来看，资源化动员还存在一些现实问题，如市民和志愿者仍然将“资金问题”认为是开展志愿服务面临的主要问题（分别为41.1%和43.6%）；志愿服务组织在志愿服务中面临的首要问题依然是“经费紧张”（65.4%），疫情中受到影响最大的也是“经费不足”（51.1%），今后进一步加强保障的方面也依然是“志愿服务资金、场地等保障力度”（59.1%）。由此，进一步做好基层志愿服务资源的社会动员与精准投入，是提升志愿服务效能的关键要素。

当然，进入新发展阶段的上海志愿服务，在推进高质量、可持续发展的进程中，要不断推进注重内涵和质量的精细化发展，并由此进一步提升上海志愿服务的效能。从长远看，必须着力完善和落实相关的法规政策措施，通过精细化的体制机制调整，来推动志愿服务提质升级。

（二）以上海探索助力中国特色志愿服务创新实践

党的二十大报告提出，要“完善志愿服务制度和工作体系”，这为未来中国特色志愿服务事业的发展指明了方向。新发展阶段上海志愿服务的创新实践，必须深入学习贯彻习近平总书记关于学雷锋志愿服务系列讲话精神和党的二十大精神，关键要在中国特色志愿服务体系建设上下功夫见成效。正是在这一背景下，上海志愿服务要围绕党和国家、市委和市政府的中心工作，更加精准对接民生需求，紧紧围绕新要求，着力推进创新机制与提升能级探索，不断推动志愿服务制度化，为中国特色志愿服务实践开创新的空间和增长点。

1. 以上海模式推进中国特色志愿服务探索

随着我国经济社会发展进入新发展阶段，中国特色志愿服务的发展也进入了新阶段。近年来，上海不断推进新时代文明实践中心建设，打造出阵地网络全域覆盖、线上线下双轮驱动、特色品牌交相辉映、新时代文明实践和学雷锋志愿服务双向提升的新时代文明实践“上海模式”。可以说，作为中国特色志愿服务的重要组成部分，上海在探索新的志愿服务体制机制、领域内容以及精神特质等方面都取得了积极的进展。展望未来发展，上海要着力通过多样化的活动与项目积极践行和弘扬社会主义核心价值观，以群众需求为导向，立足关爱他人、关爱社会、关爱自然，通过多种方式来动员和优化配置全社会志愿服务资源和力量，持续提升市民群众的获得感和幸福感。

2. 以上海实践丰富中国特色志愿服务内涵

志愿服务是一项全人群、全时空、全方位的社会事业，同时又是地方化的具体实践。在这个波澜壮阔的新发展阶段，上海要持续将志愿服务发展深度融入上海城市建设、管理与发展的整体进程中，在国家重大战略、中心工作中发挥积极作用，不断深化基层党建、社区治理、乡村建设行动；充分发挥弥补社会民生短板、服务弱势群体和推动社会公平等独特作用，不断推动城市文明进步；聚焦人的现代化、丰富人的精神世界、推动“助人”和“育人”双功能发展，尊重个体属性和自由的个人选择，积极引领凝聚社会认同，更加彰显积极的人本价值取向，并由此进一步丰富中国特色志愿服务的内涵。

3. 以上海理论助力构建中国特色志愿服务话语体系

时代是思想之母，实践是理论之源；实践无止境，理论创新也要与时俱进。在持续推进实践创新的同时，上海还要着力探索形成基于上海实践、上海模式的志愿服务理论，讲好上海的志愿故事，不断丰富和充实中国特色志愿服务的理论内涵与价值本色。通过对中华优秀传统文化的创造性转化、创新性发展，以及对世界志愿服务的理论实践的借鉴，上海要着力形成基于自身探索实践的上海志愿服务理论，并以此来更好地诠释创新实践、引领创新探索和营造志愿服务氛围。更为重要的是，要学懂弄通党的创新理论和实践成果，通过“学雷锋”活动、社区志愿服务、重大赛会志愿服务等实践新理论。要善于总结提炼和宣传引导，营造志愿服务的社会氛围与文化环境，并由此为提升中国特色志愿服务话语能力和水平助力。

（三）深化拓展志愿服务上海模式的对策思路

2023 年是全面贯彻党的二十大精神的开局之年，是实施“十四五”规划承上启下的关键一年，也是毛泽东等老一辈革命家为雷锋同志题词 60 周年，全党深入开展学习贯彻习近平新时代中国特色社会主义思想主题教育。新一年的工作要以习近平新时代中国特色社会主义思想为指导，坚持“人民城市人民建，人民城市为人民”重要理念，继续着眼培育时代新人、弘扬时代新风，大力弘扬社会主义核心价值观，不断开创新局面、彰显新作为，推动文明实践和志愿服务工作迈上新台阶，进一步推动志愿服务“上海模式”内涵化高质量发展。主要做好以下几方面的工作：

1. 以完善制度体系激发志愿服务内在动力

志愿服务制度与工作体系是推进志愿服务高质量发展的关键所在，也是志愿服务优化完善的保障。持续完善相关体制机制，进一步提升志愿服务事业的能级和内涵，深化志愿服务组织运行、制度保障、能力建设、民生服务、文化涵育“五大体系”。壮大志愿服务队伍，完善应急救援等志愿服务机制，形成顺应时代需求，与上海建设具有世界影响力的社会主义现代化国际大都市相匹配的志愿服务体系，推动志愿服务工作更好融入基层治理、服务百姓民生。健全激励嘉许机制，完善评选表彰、宣传激励、信用激励、资助帮扶、保险保障、礼遇优待、资金扶持“七位一体”的激励嘉许机制。探索线下“志愿服务时间兑换机”和线上“志愿服务的激励平台”相结合，线上线下同频共振的礼遇优待和社会资源回馈志愿服务的激励新模式。打造集积分兑换、优惠折扣等实物优待以及景点门票、特色活动等服务礼遇一体的综合性激励平台，充分挖掘社会资源，围绕医疗卫生、公共交通、文化生活等重点领域，多形式、多品类回馈志愿者。鼓励各区、各街镇结合自身优势资源搭建各具特色的志愿服务激励方式，满足基层对于志愿者激励的个性化需求。

2. 以数字化赋能推动志愿服务提质增效

持续推进志愿服务的网络治理和数字赋能，在进一步规范中提质增效。

优化信息化平台建设，推进“上海市新时代文明实践综合服务平台”与“上海志愿者网”互联共通，打造一键登录、一键发布、一键共享等功能。完善“上海市新时代文明实践综合服务平台”功能，强化各区平台数据和市级平台实时互通共享，上线数据中心和“一屏展示”功能，提升数据统计效率和应用能力。推出新时代文明实践线上和实体地图，优化文明实践阵地每月活动菜单等功能，提升服务群众常态化精准化水平。完善“上海志愿者网”星级认证、时长记录、成员管理、投诉留言等志愿服务组织管理功能，提高群众参与文明实践和志愿服务的体验度和便捷度。与此同时，要进一步积极探索建立和完善“上海志愿者网”志愿者年审机制，持续深入推进志愿者注册数据核查、清理、整改工作，确保志愿服务数据真实、准确、可靠，夯实志愿服务可持续高质量发展基础。开发“上海志愿者”微信小程序提醒、短信登录等服务功能，提高志愿服务工作效能。

3. 以阵地拓展扩大志愿服务社会参与

志愿服务的根本在服务，关键在阵地建设全覆盖。深化拓展文明实践“一圈一带一群一园”建设。发挥条块联动共建文明实践阵地新模式优势，强化平安守护、文化导览等常态化文明实践项目和团队建设，拓展一批具有上海特点的文明实践特色阵地。着力解决群众的烦心事、揪心事、操心事。着眼提升生活品质，开展河道保护、文明劝导、文化导览等文明实践活动，打造有秩序、有温度、有活力、有格调的文明水岸，扮靓“一江一河”文明实践带。着力改善城乡生产生活环境、提升城市社会治理能级、保护新城历史文化底蕴，助力园区、厂区、居民区等“三区联动”，建强“五个新城”文明实践群。探索公园绿地、文化场馆共建文明实践阵地模式，拓展建设百个新时代文明实践公园，不断提升文明实践志愿服务的覆盖面和显示度。发挥“上海市新时代文明实践综合服务平台”数字化赋能优势，推动教育、科技、文化、卫生、体育等市级优质资源机制化下沉。依托市级部门单位提供的课程配送、送戏下乡、科技助农、健康科普、助老托育等市级优质资源，推动市级优质资源下沉基层、辐射郊区、赋能新城，让群众在春风化雨中感受文明实践的温度和魅力。

4. 以理论创新提升志愿服务实践能力

深化新时代文明实践志愿服务的关键在于提升志愿服务实践能力。讲好以“文明实践在上海”为内核的上海志愿者的故事，继续深化“传播理论我践行”“凝心铸魂我践行”“市民修身我践行”“弘扬新风我践行”“涵育文化我践行”“志愿服务我践行”等“六个我践行”，推出一批品牌项目、优秀团队、实践范例。同时，注重以志愿服务理论创新成果和实践范例凝聚培养一批志愿服务理论研究人才，深入基层文明实践志愿服务阵地，设立一批文明实践和志愿服务理论研究基层观察点、举办一系列主题研究沙龙、成立一支文明实践和志愿服务理论研究队伍、开展一系列专家与基层结对驻点行动，深度挖掘总结基层可复制可推广的经验模式，强化理论研究与实践创新良性互动。聚焦基础性、前瞻性研究，定期发布重点课题，并在相关学术期刊、宣传平台发表理论成果，为学雷锋志愿服务提供可持续、高质量的精神动力和智力支持。

专 题 篇

Special Topics

完善学雷锋志愿服务制度和工作体系——上海志愿服务的创新实践

杨 雄 裘晓兰

一、新时代中国特色志愿服务目标、任务——完善志愿服务制度和工作体系

党的十八大以来，志愿服务持续进入国家发展规划，成为国家发展战略的重要组成部分。党和国家加强顶层设计、注重科学规划，对志愿服务作出一系列重要指示，为新时代全面推进中国特色志愿服务事业提出新的目标、任务，也为中国特色志愿服务事业的发展指出方向、提供遵循。

党的十九大报告提出“推动诚信建设和志愿服务制度化建设”；《中华人民共和国国民经济和社会发展第十四个五年规划和2035年远景目标纲要》提出“健全志愿服务体系”。党的二十大报告指出，要“统筹推动文明培育、文明实践、文明创建，推进城乡精神文明建设融合发展”，还指出“完善志愿服务制度和工作体系”，为下一阶段中国志愿服务的发展指出方向。

在党和国家的高度重视和全面推动下，志愿服务坚持以人民为中心的工作导向，不断完善制度建设和工作体系，主动服务国家重大战略，积极融入新时代中国式现代化建设大业。

二、上海完善志愿服务体制机制的创新实践

上海志愿服务围绕中央、市委、市政府的中心工作，更加精准对接民生需求，紧紧围绕新时代文明实践中心建设要求，着力推进创新机制与提升能级探索，不断推动志愿服务体制机制建设，深化志愿服务组织运行、制度保

障、能力建设、民生服务、文化涵育“五大体系”，为中国特色志愿服务实践开创新的空间和增长点。

1. 加强组织引领，不断完善志愿服务工作格局

在市文明办的统筹协调下，上海进一步推进志愿服务五大体系建设，建构并不断完善市文明委统一领导、市文明办统筹规划协调指导、市志愿者协会联络各方壮大队伍、市志愿服务公益基金会募集资产支持保障、市志愿服务培训中心常态培训、市志愿服务研究中心理论研究智力支持、市市民巡访团收集民意建言献策的“一体、两翼、两中心、一团”工作格局，推进学雷锋志愿服务体系健全发展。

2. 强化统筹协调，全面推进志愿服务融入城市治理

上海在推进志愿服务资源整合方面持续发力，以条块联动为代表的机制创新成为推动资源整合和配置的重要依托，在切实服务党和国家大局的同时，统筹推进志愿服务有效融入基层社会治理。

一方面，围绕民生领域“老小旧远”“急难愁盼”问题，上海推动邻里守望、扶弱济困、敬老助老等各类民生志愿服务项目在基层落地生根，让志愿服务全面融入共建共治共享的社会治理体系。

另一方面，在疫情防控、生命救护等重要关头，以及进博会等重要赛会中，志愿服务积极贡献力量，为弘扬社会正气，激发内生动力，推动社会治理体系和治理能力现代化提供助力。如“大上海保卫战”期间，上海强化各级文明办牵头协调、新时代文明实践中心统筹资源、志愿服务中心组织实施、志愿服务组织各展所长、社会各方支持保障的疫情防控志愿服务工作机制，齐心筑牢坚实屏障。2022 年的调查显示，有 95.9%的注册志愿者和 80.2%的市民表示自己参与过疫情防控志愿服务。

3. 健全激励嘉许，不断强化志愿服务基础保障

在强化服务能力的同时，上海进一步健全激励志愿服务的常态化机制。

一是完善评选表彰、宣传激励、信用激励、资助帮扶、保险保障、礼遇优待、资金扶持“七位一体”的激励嘉许机制。

二是实行志愿者星级认证，将“上海志愿者网”累计志愿服务时间大

于 50 小时的 183 万名实名注册志愿者纳入市信用平台。至 2022 年 12 月 31 日，上海注册志愿者中完成星级认证者共有 10 万余人，其中志愿服务记录时长累计达到 300 小时以上的三星级以上星级志愿者超过 2 万人。

三是全面推进《上海市学雷锋志愿服务激励嘉许实施办法（试行）》在基层落地见效，各相关区结合实际制定区级志愿服务激励嘉许实施办法。其中，金山、普陀、奉贤等区因地制宜探索整合区内各类文化、旅游和医疗等资源，为星级志愿者提供景点门票、医疗救助、文体活动等礼遇优待，着力提升志愿者的美誉度和获得感。

4. 夯实能力建设，有效推动志愿服务提质发展

服务能力是推动志愿服务提质增效的重要保障，上海通过多元途径提升志愿服务信息化、专业化、理论化水平，切实加强志愿服务的能力建设。

一是推动“上海志愿者网”功能优化提升，推进“上海志愿者”网站、微信公众号、小程序三平台的数据互通，提高群众参与志愿服务的体验度与便捷度。至 2022 年 12 月 31 日，“上海志愿者”网站和小程序访问量达 2.42 亿人次，日均 66.3 万人次。

二是通过线下线上相结合的方式，全面落实面向志愿者和志愿服务组织等的常态化、专业化培训，提升志愿服务的综合服务能力。2022 年全年组织超过 196 万人次参与文明实践和志愿服务专题培训，骨干志愿者培训率超过 96%。特别是“大上海保卫战”期间，明确提出“未接受培训和配备必要防护装备的，不得上岗”的志愿服务要求，并依托“上海志愿者”网站和小程序开辟“疫情防控志愿服务”专区，共计发布疫情防控志愿服务岗前培训课件 59 个、培训信息 171 条，开展疫情防控在线直播培训 10 场，累计培训达到 707.5 万人次，为引导防疫志愿服务科学、安全、有序、高效开展提供坚实保障。

三是积极推进以理论研究促进志愿服务的健康发展。结合“3・5”学雷锋纪念日、“12・5”国际志愿者日发布《上海志愿服务发展报告》和《上海志愿服务蓝皮书》。目前，上海已连续 8 年发布年度《上海志愿服务发展报告》，连续 5 年出版《上海志愿服务发展蓝皮书》。

三、踔厉奋发再起步：构建上海志愿服务新格局

近期，习近平总书记对深入开展学雷锋活动作出重要指示：

新征程上，要深刻把握雷锋精神的时代内涵，更好发挥党员、干部模范带头作用，加强志愿服务保障和支持，不断发展壮大学雷锋志愿服务队伍，让学雷锋在人民群众特别是青少年中蔚然成风，让学雷锋活动融入日常、化作经常，让雷锋精神在新时代绽放更加璀璨的光芒，为全面建设社会主义现代化国家、全面推进中华民族伟大复兴凝聚强大力量。

近年来，上海不断推进新时代文明实践中心建设，打造出阵地网络全域覆盖、线上线下双轮驱动、特色品牌交相辉映、新时代文明实践和学雷锋志愿服务双向提升的新时代文明实践“上海模式”。聚焦民生需求和城市精细化管理，创新打造文明实践“一圈一带一群一园”①，通过导入优质资源、整合多元资源等方式，推动一批牵引性带动性强的文明实践志愿服务项目落地扎根文明实践中心，构建广覆盖、集约化、精细化志愿服务网络。可以说，作为中国特色志愿服务的重要组成部分，上海在探索新的志愿服务体制机制、领域内容以及精神特质等方面都取得积极进展。

展望未来发展，上海要深入学习领会习近平总书记的重要指示精神，围绕学习宣传贯彻党的二十大精神主线，着眼经济社会新发展阶段、新发展理念、新发展格局，不断推进体制机制创新，由此进一步提升志愿服务事业的能级，进一步推动志愿服务“上海模式”内涵化高质量发展。

（杨雄，上海市志愿者协会副会长、上海市志愿服务研究中心执行主任、上海社会科学院社会学所研究员；袭晓兰，上海市志愿服务研究中心秘书长、上海社会科学院社会学所博士）

---

① 15 分钟文明实践圈、“一江一河”文明实践带、“五个新城”文明实践群、新时代文明实践公园。

60 年来雷锋精神内涵拓展的历史过程、逻辑理路与基本经验

陶　倩

1962 年，雷锋因公殉职，他的先进事迹不断被各地媒体报道出来，全国陆续掀起“向雷锋同志学习”的活动。60 年来，雷锋精神经久不衰、历久弥新，不仅成为中国共产党人精神谱系的重要组成部分，还成为中华民族永恒的精神符号和不朽的精神丰碑。我们要深刻把握 60 年来雷锋精神内涵拓展的历史过程、逻辑理路和基本经验，推动雷锋精神代代相传，为实现中华民族伟大复兴注入强大的精神动力。

一、60 年来雷锋精神内涵拓展的历史过程

马克思主义指出，社会存在决定社会意识，“物质生活的生产方式制约着整个社会生活、政治生活和精神生活的过程”，“精神生产随着物质生产的改造而改造”。60 年来，雷锋精神内涵被不断地重构、拓展，始终在历史的逻辑中前进，在时代潮流中发展，彰显了社会发展对精神文化的决定作用。

第一，社会主义革命和建设时期雷锋精神内涵的初步建构

1963 年，继毛泽东题词“向雷锋同志学习”后，周恩来为学习雷锋题词：“向雷锋同志学习，憎爱分明的阶级立场，言行一致的革命精神，公而忘私的共产主义风格，奋不顾身的无产阶级斗志。”这一题词从政治观、道德观、实践观三方面对雷锋精神作出了系统、精辟的概括，是对雷锋精神内涵的最早建构。

第二，改革开放和社会主义现代化建设时期雷锋精神内涵的创新重构

改革开放是一场广泛而深刻的社会变革，带来政治、经济、文化、社会

等各个领域的深刻变化。雷锋精神内涵也被创新重构，突出了为人民服务的实质内核，肯定了个体性价值的正当合理。

第三，新时代以来雷锋精神内涵的赓续发展

新时代的雷锋精神与社会主义核心价值观、志愿精神深度融合。社会主义核心价值观传承、拓展了雷锋精神的价值理念，成为彰显新时代雷锋精神的主要载体；志愿精神集中体现了雷锋精神的价值内涵，学雷锋志愿服务成为大力弘扬雷锋精神的重要途径。

二、60 年来雷锋精神内涵拓展的逻辑理路

60 年来，雷锋精神的内涵拓展蕴含着深厚的马克思主义意蕴，积淀了中华民族最深沉的精神追求，彰显了中国共产党人的精神品格。

第一，马克思主义是雷锋精神内涵拓展的根本遵循

从理论指导来看，雷锋精神是在马克思主义指导下形成的，是在马克思主义中国化的进程中逐步发展的。60 年来，雷锋精神在内涵拓展中以马克思主义关于人类解放的理论为引领，始终强调坚定共产主义理想信念；以马克思主义道德观为引领，不断提升民众的社会主义道德觉悟。

第二，中华优秀传统文化是雷锋精神内涵拓展的肥沃土壤

从思想渊源来看，中华优秀传统文化为雷锋精神的孕育提供了丰厚沃土。60 年来，雷锋精神始终根植于中华优秀传统文化，在推动中华优秀传统文化的创造性转化和创新性发展中不断拓展内涵。一是传承中华民族传统美德。二是弘扬中华民族精神。

第三，中国革命精神是雷锋精神内涵拓展的血脉根基

从形成基础来看，雷锋精神是中国共产党人精神谱系的重要组成部分，雷锋出生于新民主主义革命时期，其家乡望城是有着光荣革命传统的革命老区，雷锋在成长过程中深受红色革命文化的熏陶，中国革命精神成为雷锋精神形成和发展的血脉根基。伟大建党精神是中国革命精神的源头与根脉，60 年来，雷锋精神不断继承和发扬了以伟大建党精神为根脉的中国革命精神，

彰显了中国共产党人的精神品格。

三、60年来雷锋精神内涵拓展的基本经验

我们从精神的作用、社会主义道德建设的原则、理论与实践的互促关系三方面归纳雷锋精神内涵拓展的基本经验。

第一，坚持以伟大精神引领伟大事业

社会意识对社会存在具有能动的反作用。习近平总书记指出："伟大事业孕育伟大精神，伟大精神引领伟大事业。"在社会主义革命和建设时期，雷锋精神是中国社会发展的强大精神标杆，指引着中国人民自力更生、发愤图强。在改革开放和社会主义现代化建设时期，社会学雷锋与岗位学雷锋的结合调动了全体人民参与学雷锋活动的积极性，凝聚了全社会磅礴的精神力量。在新时代"两个大局"的严峻复杂形势中，雷锋的斗争精神能够激发安危不贰其志的雄健精神，学雷锋志愿服务不断推动美好生活的现实构建，雷锋精神的核心要素日益得到世界各国的普遍认同，为人类文明进步贡献了中国智慧。60年来，雷锋精神发挥强大的精神力量，有力地促进了各个时期时代任务的完成，推动着中华民族伟大复兴的历史进程不断向前迈进。

第二，坚持道德建设先进性与广泛性的有机统一

雷锋既是伟大的又是平凡的，雷锋精神既蕴含着崇高的道德理想和道德追求，又彰显基本的道德原则和道德规范，是英雄壮举与凡人善举的有机结合，体现了新中国成立以来社会主义道德建设坚持先进性与广泛性辩证统一的基本原则。

第三，坚持实践探索与理论创新互促共进

雷锋精神的内涵拓展是实践、认识、再实践、再认识的辩证发展过程，坚持了实践探索与理论创新互促共进，合乎了马克思主义认识论的规律以及知行合一的中国哲学理念。

总之，"国家强盛、民族复兴需要物质文明的积累，更需要精神文明的升华"。60年来，雷锋精神是永恒的精神旗帜，是宝贵的精神坐标。新时代

新征程上，我们要继续大力弘扬雷锋精神，推动雷锋精神代代相传，为实现中华民族伟大复兴提供强大精神动力和丰厚道德滋养。

（陶倩：上海市志愿者协会理事、上海市习近平新时代中国特色社会主义思想研究中心研究员、教授、博士生导师）

中国式现代化建设下志愿服务高质量发展再思考

徐家良

志愿服务高质量发展属于中国式现代化建设的重要内容之一。根据中国式现代化的释义，中国式现代化是人口规模巨大的现代化、全体人民共同富裕的现代化、物质文明和精神文明相协调的现代化、人与自然和谐共生的现代化、走和平发展道路的现代化。这个定义揭示了中国共产党的中心任务就是团结带领全国各族人民全面建成社会主义现代化强国、实现第二个百年奋斗目标，以中国式现代化全面推进中华民族伟大复兴。志愿服务高质量发展是国家治理体系和治理能力现代化的一个有机组成部分，在整个治理体系中起着不可或缺的重要作用。

一、志愿服务高质量发展五大愿景

围绕中国式现代化建设要求和志愿服务高质量发展期待，提出未来志愿服务发展五大愿景。

愿景一是全面发展协商民主。志愿服务发展优化，有赖于较为完善的制度体系、政策规划等上层建筑予以保障。因而，健全各种制度化协商平台，畅通志愿服务参与主体表达意愿的渠道，为实现志愿服务制度体系、政策规划等方面的优化改良，推进志愿服务在制度化建设水平上不断提升，对于其高质量发展有较为重要的现实意义。

愿景二是积极融入第三次分配与慈善事业。面对国家构建的初次分配、再分配、第三次分配协调配套的制度体系，志愿服务发展应与该制度体系紧密联系，同时运用更为灵活的方式吸引企业、社会组织和个人积极参与第三次分配，从广度和深度上全方位融入慈善事业，有效整合志愿服务能力，以期更好地达成共同富裕。

愿景三是发展新志愿服务组织。根据志愿服务要求，按照国家相关规划和地方现实状况，针对政治、经济、文化、社会和生态文明等方面建设出现的一些难点或空白点，进一步发展新志愿服务组织，满足社会基本需求。

愿景四是提高全社会文明程度。完善志愿服务制度和工作体系，弘扬志愿服务文化，健全志愿服务长效机制。在党和国家发展战略指引下，推动社会多元主体参与志愿服务，营造人人为我、我为人人的互爱互动氛围，让慈善公益之风在社会中盛行。

愿景五是促进志愿服务就业与创业。健全志愿服务就业公共服务体系，推进社会工作参与志愿服务序列，发挥专业性在志愿服务中的重要作用，从而做到志愿服务就业和创业与现实需求高度匹配，符合志愿服务高质量发展可持续性要求。

二、 志愿服务高质量发展现行轨迹

顺应中国式现代化建设趋势，现今志愿服务高质量发展集中反映出志愿服务法律政策规范建设、志愿服务精神传播拓展、志愿组织合规有效建设和志愿服务模式高水平优化四方面现状。

第一，在志愿服务法律政策规范建设上，形成基本完备的政策制度体系。除在 2017 年 6 月 7 日国务院第 175 次常务会议通过的《志愿服务条例》外，在《慈善法》中的慈善服务相关法规和概念中都有涉及志愿服务的内容。《慈善法》的修改，也包括志愿服务的相关条款补充与调整。与此同时，相关部门还出台了许多政策文件，如 2009 年 6 月，教育部发布《关于深入推进学生志愿服务活动的意见》；2014 年 2 月，中央精神文明建设指导委员会发布《关于推进志愿服务制度化的意见》；2016 年 7 月，中共中央宣传部、中央文明办、民政部、教育部、财政部、全国总工会、共青团中央、全国妇联发布《关于支持和发展志愿服务组织的意见》；2021 年 6 月，生态环境部、中央文明办发布《关于推动生态环境志愿服务发展的指导意见》等。

第二，在志愿服务精神传播拓展上，出现多渠道特质。谈及志愿服务精神，奉献精神是志愿服务精神的最高境界；友爱、互助是志愿服务精神的核心要件；和谐发展、社会进步是志愿服务精神的实现目标。志愿服务精神在志愿服务中有极为重要的价值，因而也出现了多渠道传播现象，主要包括人际传播、组织传播、大众传播、网络传播四类。其中，人际传播是通过个人对个人的方式进行，包括面对面的交谈、书信往来和电话联系等，若涉及人员数量比较多，就属于群体传播，如座谈会、演讲、茶话会和舞会等；组织传播是以组织为单位进行内外部的传播，对内的如会议、通知、报刊等，对外的如庆典、公益活动等；大众传播是借助现代化媒介进行传播，包括报纸、杂志、广播、电视、电影等；网络传播是借助互联网进行传播，如微博、微信、抖音等。借助不同渠道和技术手段，从范围的宽度和接受的频率较好地达到传播志愿服务精神的目标。

第三，在志愿组织合规有效建设上，出现合法化、分类化、规范化和创新化四方面特征。合法化涉及志愿组织（包括社会团体、民办非企业单位、基金会三类注册法人）或是备案制的社区社会组织，这是常态化的合法进路过程；分类化是指志愿服务按服务过程、内容可分为专业化和非专业化服务两种，专业化指称有某项专业知识技能或获得专业资格的人提供服务，如专业社工师、心理健康、支教、法律援助等，与之相对，非专业化服务是指技术含量较低的一般性服务活动，如小型活动中的后勤保障工作；规范化指的是志愿组织根据章程建立健全各项管理制度，完善决策、执行、监督制度和议事规则，建立科学的法人治理结构，健全信息公开的机制和方式，拓展有效、广泛的信息公开渠道，主动接受登记管理机关、业务主管单位和社会各界的监督，定期开展基层培训、专业培训和组织者培训；创新化意味着改变志愿服务组织社会团体法人、民办非企业单位法人、基金会法人等单一法人的形式，打造“社会团体+民办非企业单位+公司”的多法人结构，尝试用组织结构调整和商业运作模式来为志愿服务赢得更多的市场资源和更强的社会支持。

第四，在志愿服务模式高水平优化上，在人员、组织和服务等多方面予以持续提升。人员方面，旨在提高志愿者价值观念、行为规范的高质量，凸显志愿组织服务特殊品质；组织方面，包括志愿组织结构高质量、体系高质量、行为高质量、功能高质量、品牌高质量和影响力高质量等意涵，注重将志愿组织提升到一种与中国式现代化相匹配的程度；志愿服务方面，高质量发展体现在对志愿服务项目高质量、行为高质量、人物高质量、传播高质量、技术高质量和效益高质量等方面综合推进，目标在于提高志愿服务的参与度和社会满意度。

三、志愿服务高质量发展前景分析

中国式现代化建设下志愿服务高质量发展受到哪些因素影响，哪些因素是最为关键的，应怎样去践行？这值得人们长期关注和重视，目前考虑的因素主要包括三个方面，即主体方面的人人参与、技术方面的数字化发展以及效果方面的专业、规范和创新水准。

中国式现代化建设下志愿服务高质量发展需要在主体方面实现人人参与。志愿服务本身具有较强的社会属性，是生发于一定社会土壤的产物。因而，中国式现代化建设下志愿服务高质量发展应吸引更多人群参与，构建人人参与下的志愿服务格局，这种较为理想的志愿服务模式，符合中国式现代化建设下志愿服务高质量发展的基本要求。

中国式现代化建设下志愿服务高质量发展应该在技术方面与现代慈善业态和现代数字技术融为一体。以慈善信托为代表的现代慈善业态与“两微一端”① 为特征的现代数字技术实则是志愿服务从传统发展转向高质量发展的必由之路，在此基础上促进志愿服务质效提升，更好地让民众感受到志愿服务所带来的温暖。

中国式现代化建设下志愿服务高质量发展在效果方面需要与国家发展战

① “两微一端”指微博、微信、新闻客户端。

略和地方建设诉求紧密结合，突出专业、规范和创新水准。这意味着志愿服务应在专业、规范基础上勇于开拓创新，以高质量为标准，为中国式现代化贡献自身的智慧与力量。

（徐家良，上海市志愿者协会理事、上海交通大学国际与公共事务学院特聘教授）

以健全的工作体系促进志愿服务高质量发展

张祖平

党的二十大报告提出完善志愿服务制度和工作体系，这为中国志愿服务发展指出了方向，提出了要求，指出了未来一段时间我国志愿服务工作的重点内容。

经过多年的发展，中国志愿服务事业已经取得巨大成就，在志愿服务法治建设、项目建设、队伍建设、站点建设、信息系统建设、志愿服务文化建设等方面取得丰硕成果，在赛会志愿服务领域走在世界前列。截至 2023 年 1 月，在中国志愿服务网注册的志愿者已达 2.3 亿人，志愿服务队伍总数 135 万个。志愿服务在服务国家战略、改善人民生活、提高社会治理、展示中国形象中，发挥着越来越重要的作用。尤其是党的十八大以来，习近平总书记对志愿服务工作作出一系列重要指示批示，主持审定了一批重要文件，为志愿服务事业发展指出了方向，注入了强大动力，提供了根本遵循，我国志愿服务事业呈现出横向到边、纵向到底的蓬勃发展态势，志愿服务在领导体系、运行机制的建设上取得显著成绩。在领导体系方面，组建中央社会工作部，划入中央文明办的全国志愿服务工作的统筹规划、协调指导、督促检查等职责。在运行体系方面，志愿服务项目大赛、志愿者学院、志愿者的表彰激励制度、志愿服务信息系统、志愿服务云展馆、志愿服务研究机构已经建立。可以说，中国志愿服务取得的成绩离不开党委和政府的大力推动和政策支持，是党和人民共同努力取得的。完善志愿服务工作体系将会促进志愿服务事业的更大发展。此外，由于我国地广人多、各地发展不均衡，志愿服务工作仍处在爬坡过坎期，志愿服务发展离中国式现代化对志愿服务的要求还有差距，志愿服务工作体系仍需在现有基础上继续向前发展，不断完善。

一、中国志愿服务工作体系建设情况

按照发展的时间线，观察中国志愿服务领导体制机制的发展过程。1994年12月5日，在第九个国际志愿者日，中国青年志愿者协会成立，协会的宗旨是奉行奉献、友爱、互助、进步的志愿精神，通过组织和指导全国青年志愿服务活动，为社会提供志愿服务，促进社会文明进步，服务青年全面发展，推动志愿者事业发展，为实现“两个一百年”奋斗目标和中华民族伟大复兴的中国梦贡献力量。1996年共青团中央成立青年志愿者行动指导中心，在团中央书记处领导下负责规划、指导和协调全团青年志愿者工作。中国青年志愿者协会和青年志愿者行动指导中心成立后极大地推动了中国志愿服务事业的发展，推出的项目如大学生志愿服务西部计划、青年志愿者扶贫接力计划、研究生支教团工作、中国青年志愿者海外服务计划成为影响时代的全国品牌项目。在北京奥运会、上海世博会、广州亚运会、南京青奥会、G20杭州峰会、国庆70周年活动等重大赛会和活动中，中国青年志愿者的突出表现展示了蓬勃向上的中国青年的形象。尤其是中国青年志愿服务项目大赛，8年来带动全国志愿服务项目的发展和志愿服务组织的成长，带动省级和部分市县举办志愿服务项目大赛。在中国青年志愿者网站和微信公众号上建立“志愿服务云展馆”，提供全天候的志愿服务项目和组织的学习平台。第六届中国青年志愿服务项目大赛全网直播，这类以赛带训，促进交流，提升能力。

2009年2月经民政部批准成立中国志愿服务基金会。2013年12月成立中国志愿服务联合会，2019年7月，中国志愿服务联合会第二次代表大会召开，习近平总书记致贺信。中国志愿服务联合会做了大量工作，举办多场全国性的志愿服务培训，举办志愿服务论坛、出版志愿服务蓝皮书，支持全国县级志愿服务项目发展，特别是疫情防控期间，对上海、武汉、吉林等地的志愿者给予专项支持。2022年4月，中国志愿服务联合会和中国民间组织国际交流促进会共同发起成立国际志愿服务工作委员会，致力于为国际志愿服务搭建交流合作平台，推动中国志愿服务走向世界。2020 年在中央文明委统一领导下，成立全国志愿服务工作协调小组，负责全国志愿服务工作的总体规划、协调指导、督促检查。2021 年中宣部设立志愿服务促进中心，与中国志愿服务联合会秘书处合署办公。中央文明办三局分管志愿服务工作，中央文明办内部机构改革后，改由新组建的二局分管文明实践和志愿服务工作。2023 年中央社会工作部成立后，中央文明办的全国志愿服务工作的统筹规划、协调指导、督促检查等职责划入中央社会工作部。地方在完善志愿服务体系方面也作出许多新探索，取得新成就。以上海为例，经过二十多年的建设，上海市形成了“一体、两翼、两中心、一团”的文明实践志愿服务工作格局，建设全国首个省级志愿服务研究中心，连续出版《上海志愿服务蓝皮书》，发布《上海志愿服务发展报告》，为科学决策提供了依据。

2016 年开始，中宣部、中央文明办等中央有关部门和单位共同组织开展宣传推选学雷锋志愿服务“四个 100”先进典型活动，已经开展 6 届。从 2014 年开展至今，中国青年志愿服务项目大赛已经走过 8 年，举办 6 届，有力推动中国志愿服务项目的发展。中国青年志愿者优秀个人奖、组织奖、项目奖已经举办 13 届。这些志愿服务评选表彰制度已经基本定型，对中国志愿服务事业发展发挥了极大的促进作用。

二、 完善中国志愿服务体系的思考

1. 完善中央层面“1+N”志愿服务领导体制

在党的统一领导下，构建起统一安排部署、协同联动的一体化领导体制。中央社会工作发挥全面领导职能，加强全国志愿服务发展规划、培训体系、监管体系、制度完善、表彰奖励、协调发展工作，会同相关部门合作做好国际志愿服务工作和对外交流工作；推动志愿服务理论研究工作。厘清牵头负责和行政管理职责的分工。其他部委和单位做好各自领域的志愿服务管理工作。

2. 建立监督机制和激励机制

建立志愿服务监督机制。志愿服务事业在运行中经常出现志愿者权益维护、身份认证、时长记录等问题，需要明确监管主体、监管方式、投诉和处理机制。建立政府监管、人民监督的机制。监管机制的顺畅会维护志愿者的声誉，促进整个事业发展。

建立志愿服务评估机制。对志愿服务阵地、队伍、项目的评估需要考虑成本和成效，实行中央和地方分级评估制度。

继续完善志愿服务激励机制。习近平总书记在致中国志愿服务联合会第二届会员代表大会的贺信中指出，党的十八大以来，广大志愿者、志愿服务组织、志愿服务工作者积极响应党和人民号召，弘扬和践行社会主义核心价值观，走进社区、走进乡村、走进基层，为他人送温暖、为社会作贡献。建议把学雷锋志愿服务“四个100”先进典型活动扩展成“五个100”，对志愿服务工作者进行表彰。完善各个部委和单位的志愿服务表彰活动，形成规范有序的志愿服务激励机制。上海市专门出台志愿服务的七位一体激励制度，尤其是信用激励，发挥了显著的激励作用。

3. 完善信息系统管理

信息系统比较复杂而且发展变化快，很多省、市甚至县建立了自己的志愿服务或文明实践信息系统，要坚持公益性原则，进一步完善全国的信息系统。建议全国的信息系统不要太复杂，具备数据统计、供需对接、线上培训、信息查询等基本功能即可，特殊需求由各地自行开发。全国信息系统要和地方信息系统的数据无缝对接，数据共享。信息系统无须过度开发，能够满足需要即可。

4. 完善培训和研究体系

全国虽已建立若干所志愿者学院，但是常态化、高质量的培训依然不足，培训课程和人才培养之间没有建立有效的对应机制，高水平的师资和课件缺乏。我们要从理论研究、师资培养、课程研发、基地建设与考核上加强建设。如，上海市开展的“沪上志愿坊”文明实践和志愿服务理论研究基层驻点行动是一种集研究者、工作者、实践者三方为一体的理论研究的探索，将打通理论研究和成果转化的中间环节，促进研究成果的直接转化，加速实践发展，同时不断提出理论研究的新课题。

5. 建立志愿服务互相机制和资源下沉机制

中国志愿服务的发展存在城乡之间的不平衡、地区之间的不平衡现象。要建立城乡互助、互通有无的机制，鼓励城市优秀人才和退休人才到乡村建功立业，在实现乡村振兴中实现人生价值。建立城乡之间有效链接的志愿服务链条，比如在产业帮扶上建立产供销的志愿服务队伍链条。建立志愿服务发达地区支援不发达地区、东部地区支持西部地区的机制，志愿服务东西合作机制可以纳入地区对口帮扶项目。建立资源和服务下沉机制，行政级别高的单位资源整合能力更强，从中央到省市把资源下沉到县新时代文明实践中心，通过文明实践中心下沉到新时代文明实践所和站。上海市在新时代文明实践市级资源下沉方面作出新探索，实行条块联动机制，整合市级部门单位、文化场馆等资源对接社区，解决基层社区资源不足的问题。

6. 完善阵地体系

如何让新时代文明实践和志愿服务阵地“形神兼备、充满活力”？一种方法是先建阵地，再充实内容。依托新时代文明实践中心、所、站、点，发展志愿服务队伍和项目，以优秀项目提升阵地活力，以队伍开展常态化的服务。另一种方法是依托时代楷模、劳动模范、中国好人、省级好人、市级好人、优秀志愿服务组织建立服务站、工作室或者志愿者之家。阵地建好后，要加强对阵地的管理和扶持。

7. 大力发展国际志愿服务

建立国际志愿服务工作机制，招募、选派、培训机制，激励机制，保障机制。建立与外国政府相关部门、国际组织和国际志愿服务组织合作机制，开辟民间外交新渠道。鼓励中资企业驻外机构在当地开展志愿服务，为企业发展树立良好的社会氛围。

（张祖平：上海市志愿者协会理事，上海海洋大学新时代文明实践与志愿服务研究中心常务副主任、教授、博士生导师）

案 例 篇

Case Studie

有力有序推进上海市疫情防控志愿服务助力打赢“大上海保卫战”

上海市精神文明建设委员会办公室

2022年3至5月“大上海保卫战”期间，面对严峻复杂的疫情防控形势，上海市文明办坚决贯彻习近平总书记重要讲话和指示批示精神，在市委、市政府的坚强领导下，将疫情防控作为头等大事，进一步凝聚全社会力量，有力有序统筹推进疫情防控志愿服务工作，全市逾百万志愿者、机关党员干部、基层社区工作者，活跃在防疫一线，齐心筑牢群防群控坚实屏障，为打赢疫情防控大上海保卫战提供有力保障。

一、强化组织动员，加大招募力度

一是统一部署，形成合力。强化各级文明办牵头协调、新时代文明实践中心统筹资源、志愿服务中心组织实施、志愿服务组织各展所长、社会各方支持保障的疫情防控志愿服务工作机制。市文明办连续九次面向全市各级各类志愿服务组织发布专项工作提示，围绕做好心理疏导志愿服务、完善常态化防控志愿服务长效机制、成立志愿服务工作专班、建立信息直报机制、形成基层专职志愿服务组织队伍、加强先进典型宣传和激励嘉许，以及志愿者安全防护、岗前培训和物资保障、常态化疫情防控志愿服务等重点工作进行部署，指导各区因地制宜探索和深化疫情防控志愿服务工作机制。市志愿者协会发布关于争当疫情防控“凝心聚力宣传员”“文明实践示范员”“专业岗位辅助员”“民生服务关爱员”“平安家园守护员”的倡议书。各区成立由区文明办牵头，区相关部门和乡镇（街道）共同参与的疫情防控志愿服务工作专班，公布文明实践三级阵地联系方式，引导广大志愿者就近就便、安全有序参与疫情防控志愿服务工作。

二是统筹招募，分类设岗。2022 年 3 月 3 日至 5 月 31 日，全市各文明实践中心和各区专班发挥统筹作用，通过发布倡议书、招募令，组织动员各级各类志愿服务组织，依托“上海志愿者”网站和小程序，统一规范发布“疫情防控”志愿服务项目超过 1.6 万个，招募疫情防控注册志愿者超过 57 万人，还有很多未注册和自发参与疫情防控志愿服务的市民，据不完全统计，每天上岗志愿者超过 50 万人次，围绕核酸和抗原筛查、小区封控管理、民生物资保障、弱势群体帮扶、市民心理疏导等开展志愿服务，累计服务超 5370 万小时，人均服务 94.2 小时，受到社会各界的肯定和赞誉。

二、强化资源配置，精准供需对接

一是精细配置服务资源。疫情期间，全市处于封控状态，资源相对分散。为此，市文明办发挥“上海市新时代文明实践综合服务平台”资源供需对接和精准服务群众的功能，2022 年 3 月 3 日至 5 月 31 日，全市依托“上海市新时代文明实践综合服务平台”共发布“疫情防控培训课程”“疫情防控爱心物资”等资源供给超过 1.6 万单、“疫情防控生活辅助志愿者”“防疫配药志愿者”等资源需求 711 单，完成 4428 项资源供需对接，共发布“普筛核酸志愿者”“抗原自测志愿者”等疫情防控类服务市民项目供单超过 1.49 万单，收到市民点单超过 3.2 万单、服务评价超过 2.35 万条。各区根据市民实际需要，形成重点岗位志愿者定向招募和保障、组建便民志愿服务小分队、“防疫”“复工”两手抓等工作机制，有效整合资源，提升配置效率和服务市民效能。

二是精准回应基层诉求。全市各文明实践和志愿服务站点拓宽电话沟通、微信互动、邮箱留言等多元化、人性化的基层诉求收集渠道，及时掌握防疫一线的“急难愁盼”问题，针对基层队伍力量、防护用品、保障物资不足等问题提供具有针对性的支持和帮助。注重关心关爱隔离期间独居老人、残疾人、未成年人、急重症患者等群体的生活情况，重点解决生活物资配送“最后100米”的问题。2022年3月3日至5月31日，全市依托“上海市新时代文明实践综合服务平台”共发布“失独老人上门慰问”“为老送菜志愿服务”等特惠型服务市民项目供单2101单，收到市民点单6135单。各区工作专班结合实际，发挥助老扶幼、帮困助残志愿服务团队作用，形成重点人群“一对一”结对帮扶、志愿者“分片包干”、协调平台开辟保供绿色通道、“定期就医”和“紧急就医”双模式等工作机制，以文明实践和志愿服务力量让市民群众在家门口、细微处感受城市温度。

三是精心开展心理疏导。2022年3月3日至5月31日，市文明办、市志愿者协会面向全市组织动员，招募心理疏导志愿者682名，协调8家市级心理疏导志愿服务组织支援基层。线上依托“上海志愿者”网站、微信、微博、视频号、抖音、电台等平台发布疫情防控心理疏导培训信息95条，累计培训83万人次，线下指导全市16个区建立心理疏导志愿服务队伍，进驻新时代文明实践和志愿服务三级阵地开展服务，为包括志愿者在内的各类一线防疫人员和市民缓解焦躁情绪提供“心理锦囊”。依托“上海志愿者网”发布“疫情防控心理疏导”志愿服务项目42个，依托“上海市新时代文明实践综合服务平台”共发布心理疏导培训直播、线上咨询、线下服务等资源供给6464单，供需对接完成1628单。市青年志愿者协会协调复旦大学、上海交大等8家高校的2385名大学生志愿者组建“云陪伴”队伍，为方舱医院内的中小学生和防疫工作者的孩子提供心理健康引导、励志教育等内容的线上陪伴服务，帮助疫情中的孩子缓解在线学习压力和焦虑情绪。

三、强化综合服务，突出激励保障

一是在线开展岗前培训。针对奥密克戎病毒传播速度快、隐匿性强的特性，加强志愿者岗前培训尤为重要，市志愿者协会明确提出“未接受培训和配备必要防护装备的，不得上岗”的要求，并在“上海志愿者”网站和小程序开辟“疫情防控志愿服务”专区，“大上海保卫战”期间，共发布“上海社区志愿者防疫指南”“防疫四部曲”等疫情防控志愿服务岗前培训课件59个，依托“上海志愿者”线上平台发布“如何穿脱防护服”等培训信息171条，各级志愿服务组织依托线上培训资源，减少人员聚集，组织志愿者在线自学和专家讲解，累计培训362.7万人次。同时，市文明办、市志愿者协会面向全市新时代文明实践和学雷锋志愿服务阵地、各类志愿服务组织工作人员和志愿者及市民群众，开展“上海志愿者网”操作指南、心理疏导、疫情防控志愿服务项目设计、社区志愿者安全防护等9场疫情防控志愿服务系列直播培训，全程进行网络直播，在线观看人数超过164.9万人次。

二是多方筹措保障物资。2022年3月3日至5月31日，市志愿服务公益基金会、市志愿者协会联合社会爱心单位60余家，筹集防护类、生活类保障物资70多种400多万件。其中，防护服、口罩、消毒液、医用隔离面罩等防护物资244万件，牛奶、方便面、饮用水、短T恤等生活物资156万多件，筹募物资总价值超过2400万元，用爱和温暖驰援防疫一线。在中国志愿服务联合会关于开展志愿服务关爱行动的号召下，河南省文明办委托郑州市、洛阳市志愿服务联合会向上海市捐赠口罩、防护服等防疫物资430余箱，方便面、火腿肠等生活物资1.1万余箱，上海市第一时间配送到一线志愿者和独居老人、困难家庭、残疾人、防疫人员家属等重点人群，得到一致好评。3月上旬，上海市还向吉林省志愿服务联合会捐赠防护服3万件、姜茶2万盒，支持兄弟省市共同抗击疫情。

三是量身定制激励嘉许。市志愿者协会协调中国人寿上海分公司为疫情防控志愿者免费提供最高赔付50万元的“守护志愿者”特定保险。完善“关爱好心人”专项基金评审细则，对因参与突发事件公益服务而急需帮助的志愿者予以资助。协调百视TV，为全市疫情防控志愿者免费提供月卡加油包等礼遇优待。协调建设银行上海分行出资50万元，开设志愿者感恩回馈专区，向志愿者公益龙卡客户赠送抵扣券。依托“上海志愿者”网站，开通“上海市新冠肺炎疫情防控志愿服务证书（2022年版）”在线申领功能，提升疫情防控志愿者的获得感。

四、强化宣传推广，讲好志愿故事

一是发挥防疫一线先进典型示范引领作用。2022 年 3 月 3 日至 5 月 31 日，市文明办、市志愿者协会依托“上海志愿者网”，在“疫情防控”专区开辟“防疫之星”专题，累计刊登事迹 437 篇，宣传疫情防控志愿者的凡人善举和暖心故事。联手相关媒体开展“志愿同心，战‘疫’有我”宣传激励活动，不断挖掘先进典型。同时，市文明办、东方网与 16 个区新时代文明实践中心和融媒体中心，共同发起“一起守‘沪’志愿者在行动”活动，发动广大市民线上记录分享志愿服务经历和志愿者感人事迹。依托抖音平台开设“志愿守沪”话题，总播放量突破 1449 万次；协调上海广播电台《直通 990》“为志愿加油”节目，在线分享疫情防控志愿服务故事。各级志愿服务组织和广大志愿者积极响应市志愿者协会的倡议，立足岗位，各展所长，涌现一大批温暖申城的先进典型，彰显风雨来袭时同舟共济、共克时艰的上海市民形象。

二是发挥“上海志愿者”宣传矩阵作用。市志愿者协会积极依托已有的“上海市新时代文明实践综合服务平台”和“上海志愿者”网站、微信公众号、视频号、微博、抖音、电台等宣传矩阵平台作用，广泛开展宣传推广。2022 年 3 月 3 日至 5 月 31 日，“上海志愿者”网站和小程序累计访问量达 8308.4 万人次，发布“‘沪豫携手、同心抗疫’志愿服务关爱行动拉开帷幕”等疫情防控志愿服务宣传信息共 2233 条，宣传视频 614 条，阅读量超 2202.7 万人次。上海志愿者电台上线“上海志愿者战‘疫’日记”专题页面，每日更新上海市疫情防控志愿服务工作情况，共推出“日记”81 篇，累计阅读量超 635.9 万人次，使志愿精神深入人心。

三是发挥新闻媒体宣传报道作用。市文明办通过“上海市新冠肺炎疫情防控新闻发布会”专题介绍上海市疫情防控志愿服务工作的情况、关心关爱志愿者的举措以及市民报名参与疫情防控志愿服务的渠道。协调上海发布等主流媒体推送“上海疫情防控志愿服务操作指南”，总阅读量突破 300 万人次。配合网信部门，加强网上涉及防疫志愿服务舆情监测处置，对网络谣言和不实信息及时进行网络辟谣，维护上海志愿服务工作的良好形象。同时，积极依托媒体加强正面宣传，2022 年 3 月 3 日至 5 月 31 日，人民日报、新华社、解放日报等 50 家中央和地方媒体报道上海市疫情防控志愿服务相关信息超过 1.6 万篇，广泛宣传展示志愿服务先进典型，提升志愿者美誉度，提振市民信心。

调整重点　畅通堵点　破解难点
上海市因时因势做好疫情防控志愿服务工作

上海市精神文明建设委员会办公室

2022年6月至2023年1月初，上海市疫情防控志愿服务工作组深入贯彻习近平总书记关于疫情防控工作的重要讲话精神，落实中央文明办、上海市疫情防控工作领导小组、市委宣传部相关要求，准确把握疫情防控新形势、新任务，优化志愿服务力量配置、调整志愿服务工作重点，更好助力新阶段疫情防控。

一是强化全市统筹一盘棋，动态调整志愿服务重点。截至2023年1月9日，上海市疫情防控志愿服务工作组召开工作例会26次、发布工作提示4次、形成工作日报163篇，确保疫情防控志愿服务工作机制始终处于激活状态。疫情防控措施优化调整后，第一时间调整工作手势，要求各成员单位一方面聚焦保健康、防重症，协助医疗机构维持就医秩序、提升救治能力；另一方面聚焦特殊人群，推动志愿服务力量下沉，筑牢社区防疫屏障。市健促中心依托“上海发布”平台，提醒广大市民养成空气清新、环境清洁、双手清洗的“三清”好习惯，开展爱国卫生运动，当好健康第一责任人。嘉定区制定《关于落实进一步优化疫情防控措施相关志愿服务工作方案》，持续加强志愿服务力量储备。全市每日上岗志愿者约12万人次，储备志愿者超过30万人，从核酸采样辅助、测温验码等为主的岗位，调整充实到门诊导医、文明劝导、代配药、关爱帮扶等岗位。

二是依托社区农村主阵地，切实畅通民生服务堵点。将“广泛组织发动志愿者参与快递配送和社区服务”纳入上海市政府《关于支持本市相关行业和企业稳岗留工有序运行若干政策措施》。聚焦民生需求，发挥村（居）级新时代文明实践站“家门口”服务阵地作用，开设疫苗接种、心理疏导、临时诊室等服务，重点保障“一老一小”、孕产妇、慢性基础性疾病患者等得到及时、有效、便利的服务。发挥“老伙伴”志愿者作用，排摸独居老人生活需求，形成“生病有人医、安全有人管、困难有人帮”的帮扶机制。依托全市6000多个文明实践和志愿服务阵地广泛布点“共享药箱”，积极倡导邻里互助，累计服务5万余人次。市医保局将代配药志愿者与老人本人的医保账户和待遇关联，实现医保支付，减少交叉感染风险。团市委招募成立“青小运”青年志愿服务突击队，完成快递外卖分拣近5000单，保障城市运力。杨浦、宝山等区发动辖区有医疗卫生专业资质的人员至社区报到，为居民开展健康咨询、用药建议服务。

三是发挥医疗卫生强优势，持续破解群众就医难点。医疗卫生志愿服务历来是上海市志愿服务工作的品牌优势。全市各社区卫生服务中心发热诊间全部启用以来，各社区志愿服务中心普遍加强同社区卫生服务中心之间的联动，招募志愿者充实门诊导医、文明劝导力量，还采取送上暖心热茶、新年祝福等方式，对医务工作者等进行关爱慰问。针对120急救中心人手不足的情况，全市广泛发动高校青年医学生、出租车驾驶员等有专业技能的志愿者，参与急救车驾驶、接线调度、担架搬抬等志愿服务，其中，市出租车行业招募250余名出租车驾驶员志愿者支援急救转运工作；松江区招募61名志愿者增援以来，该区120急救中心平均反应时间缩短7分钟。全国最佳志愿服务组织、上海市第八人民医院“百雁”志愿服务基地等市志愿者协会直属的55家医院类市级志愿服务基地，分别采取定向招募、网络公告等方式，招募门诊导医志愿者，承担患者分流、协助预约、秩序维护等工作，助力守好发热筛查“第一关”，有效缓解医院救治人手紧张的状况。

以文明实践和志愿服务聚力聚智聚心 推动垃圾分类从“新时尚”成为“好习惯”

上海市精神文明建设委员会办公室、上海市绿化和市容管理局

习近平总书记给虹口区嘉兴路街道垃圾分类志愿者的回信鼓舞人心、催人奋进。这是总书记继 2020 年 6 月给复旦大学《共产党宣言》展示馆党员志愿服务队全体队员回信后，再一次给上海志愿者的亲切回信。总书记回信的字里行间饱含着对上海垃圾分类志愿者的深切关怀和殷切期盼，同时也为志愿服务更好助力基层治理指出方向，极大增强我们进一步把垃圾分类工作和志愿服务工作做细做实的信心和决心。我们要把学习回信精神转化为实际行动，持之以恒、久久为功，让绿色低碳生活新时尚成为覆盖城市每个角落的文明风景线。

自 2018 年习近平总书记视察上海时提出“垃圾分类工作就是新时尚”以来，上海市着力完善垃圾分类志愿服务工作体系，依托“上海志愿者网”发布垃圾分类志愿服务项目 2.76 万个，招募垃圾分类志愿者超过 71 万，平均每 9 名注册志愿者中就有 1 名参与垃圾分类志愿服务，累计服务时长达 4698 万余小时。广大志愿者好比一朵朵蒲公英，遍布社区、学校、企业，通过宣传政策、普及科学、带头示范、引导实践，让生态文明的种子在市民心中扎根、破土、发芽、盛放。四年多来，市文明办与市绿化市容局紧密联手，指导地区充分发挥志愿服务独特优势，在“聚合力、聚民智、聚人心”上发力，在建设新标准、打造新样板、践行新时尚上不断取得新的成绩。

一、以制度保障聚合力，建设垃圾分类志愿服务新标准

2018 年 8 月，随着上海市生活垃圾分类志愿服务总队成立并吹响集结号后，全市逐步完善市、区、街镇、居（村）委、小（社）区“三级管理、

五级队伍”的生活垃圾全程分类志愿服务工作体系。近年来，市文明办制发了一系列制度性文件，制定“有管理、有场所、有队伍、有规划、有注册、有形象、有培训、有品牌”等“八有”志愿服务组织建设标准，建立投入保障、规范运作、协同联动、激励嘉许、品牌培育等工作机制，确保垃圾分类志愿服务工作纵向贯通、横向联动，在基层落实落细。

二、以文明实践聚民智，打造垃圾分类志愿服务新样板

依托新时代文明实践中心统筹规划、志愿服务中心组织实施、志愿服务队伍各展所长、志愿服务站点承接落地的文明实践志愿服务运行机制，广大市民群众积极投身低碳知识宣讲、垃圾分类引导、厨余垃圾循环、旧衣物回收利用等文明实践志愿服务行动，因地制宜探索新鲜经验、首创办法、实践形式，形成“随手拍、随手改”“暖心之家”“社区环保花园”“大手牵小手、垃圾分类向前走”等一大批特色品牌，推动“金点子”转化为基层治理“金果子”。例如，全国最美志愿服务社区徐汇区凌云街道梅陇三村曾是人见人烦的“垃圾小区”，自从成立“绿主妇”志愿服务队，打通回收链，让垃圾分类深入生活细微处，使“垃圾小区”变身居民引以为豪的“美丽家园”。

三、以宣传引导聚人心，推动市民践行垃圾分类新时尚

用心用情做好宣传引导工作，需要春风化雨浸润人心。我们一方面注重创意宣传，持续推出公益广告、文艺作品、音乐视频、卡通形象、连环漫画、文创产品等各类宣传载体，开发针对“幼、小、中”不同阶段未成年人特点的垃圾分类课堂教材，强化线上线下同频共振，广泛开展垃圾分类知识宣传普及。另一方面注重典型引路，我们会同市绿化市容局开展“上海市垃圾分类优秀志愿者”选树活动以来，至 2023 年 5 月，已选树优秀志愿者 60 名，示范带动广大市民群众将绿色低碳生活理念见微、见实、见行。

引领青年志愿者在常态化疫情防控中贡献青春和力量

中国共产主义青年团上海市委员会

2022年3至5月，团市委坚决落实市委关于疫情防控的部署要求，在全市志愿服务体系框架下，按照党建引领社会动员机制要求，广泛发动青年志愿者投身战“疫”，共招募青年志愿者27.3万余名，在社区组建2400余支青年志愿服务队，9.1万余名团员青年、5511名青联委员、会员向社区报到。团市委主要做了三方面工作：

一是因时而动，积极动员青年志愿者参与疫情防控。根据防疫工作不同阶段的形势要求，团市委、市青联、市青年志愿者协会先后发布致全市青年志愿者的倡议书和工作指引、《致全市各级团组织、共青团员、青少年的一封信》、上海青年社区互助关爱倡议、《关于在疫情防控清零攻坚中充分发挥团组织战斗堡垒和团员先锋模范作用的动员令》等，持续动员团员青年向社区报到。同时，积极推进青联委员向社区报到行动、互助关爱“敲门”行动、“小青菜联盟”保供行动等若干行动，广泛动员青年志愿者充实社区工作力量。

二是因需而动，有序开展专项防疫志愿服务工作。根据市疫情防控工作领导小组任务要求，部署开展核酸检测机构辅助志愿者行动、助力防疫物资包发放、青联社区代配药品专项志愿行动等。其中，青联代配药志愿服务行动共发动894名青联委员、会员参与，累计为居民配送20824单药品，其中包括肿瘤、糖尿病等特殊急需药品6246单。此外，还动员沪上青年社会组织和相关团区委，为虹桥火车站滞留旅客发放爱心物资，传递温暖和关爱。

三是因人而动，加强对志愿者和一线人员的支持关爱。推出加强志愿者安全防护和关心关爱的若干举措，联合市疾控中心编发《青年志愿者健康防护指南》《防疫志愿者分类及防护要点》。及时总结防疫志愿者岗位经验，陆续推出11篇岗位流程建议，并汇编形成《上海社区防疫青年志愿者岗位实务手册》电子书。发动爱心企业、爱心人士，为一线志愿者捐赠防疫和生活物资。整合优质资源，推出“关爱菜单”，为一线人员及其子女提供“爱心云托班”、“线上故事会”、12355心理援助等线上志愿服务，其中“爱心云托班”项目共为1527名战疫一线人员子女提供线上辅导服务。

通过两个多月的工作实践，团市委形成一些工作思考。一是坚持党建引领。在本轮战“疫”中，各级团组织在党建引领的工作体系下，组织动员青年与各方面力量共同参与群防群治，发挥了重要作用。实践证明，只有坚持党建引领，才能更好地调动资源、统筹力量、扩大覆盖。**二是发挥青年特色**。疫情期间，一批青年社区达人、能人牵头建立各类青年社团、志愿服务队等，许多青年包括不少90后、00后自发成为“团长”“楼长”，并利用专业知识、新技术手段和互联网思维，为社区抗疫赋能，团市委要把这些青年达人、能人有效吸纳进来、抓紧固化下来，让他们继续发挥作用。**三是多元组织发动**。**一方面，**依托社区青年中心、“团青骨干进业委会”、青春社区、团属青年社会组织等多样化的青年工作阵地，把一大批青年迅速地“集聚”起来；**另一方面，**通过成立临时团组织、青年突击队、志愿服务队等多样化的组织形式，把青年有效地“组织”起来。

团市委将根据全市常态化疫情防控志愿服务总体方案的要求，在以下三个方面持续做好工作：

第一，加强常态化力量配置。力争在居（村）党组织支持、统筹下，在社区中建立一支“平时主建、急时主战，平时好用、急时管用”的青年志愿服务力量。力量来源上，主要是结合青年党员、团员、青联委员、会员等向社区报到，吸纳在居（村）范围内表现突出的青年志愿者骨干、青年志愿服务组织或青年社会组织。此外，随着暑假、毕业季的来临，积极探索发动大学生参与所在社区的志愿服务，充实社区服务力量。团市委正筹划在部分区开展试点，逐步实现“一社区一队伍”的目标。

第二，加强常态化培训管理。一方面，加强防疫青年志愿者能力培训。会同专业部门，通过线上线下方式，充分运用好各类规范化培训资源，开展志愿者安全防护、服务规范、岗位操作、应急处置等培训，提升青年志愿者能力素养。另一方面，建立“平急结合”的管理机制。平时，动员各级团组织围绕常态化疫情防控工作要求，组织青年志愿者有序参与所在地尤其是社区、公共场所的疫情防控。通过组织沟通交流、纳入志愿服务体系建设等方式，增强队伍活力和凝聚力；急时，动员各级团组织主动对接所在地党委政府和疫情防控指挥部门需求，及时提供志愿者力量支援。

第三，加强常态化激励保障。**一是强化安全防护**。指导联动各级团组织和青年志愿服务组织，整合各方资源，主动配合做好志愿者安全培训和防护装备保障，确保“培训不到位不上岗，防护不到位不上岗”。**二是提供保险保障**。持续为青年志愿者提供防疫专项保险等托底保障，解除他们的后顾之忧。**三是加强精神激励**。努力探索社区防疫志愿服务骨干在基层团组织兼职、鼓励青年担任楼（村）组长、探索评选社区“团员之星”“青年之星”等富于实效的激励机制，增强青年志愿者荣誉感。**四是做好典型挖掘和宣传**。通过制作“青春战疫”宣传片和主题书籍，持续加大青年志愿者典型宣传，讲好抗疫故事，传播青春正能量，努力营造昂扬向上的舆论氛围。

高擎伟大思想旗帜　提亮文明实践底色 为推进新征程上海税收现代化提供精神动力

国家税务总局上海市税务局

思想之旗引领新征程，文明之光照亮奋进路。上海市税务局深入学习贯彻习近平总书记关于宣传思想工作重要论述，围绕举旗帜、聚民心、育新人、兴文化、展形象的使命任务，积极探索党建业务融合新路子，将思政宣传、税收宣传与新时代文明实践紧密结合、深度融合，于 2023 年 3 月集中开展“奋进新征程　投身新实践　建功新时代”文明实践志愿服务活动，放大惠企利民的政策效应，扩大志愿服务的品牌效应，推动理论武装求实求效、文明实践出新出彩、意识形态领域向上向好，营造浓厚的扶商、暖商、兴商氛围，以实际行动走好第一方阵。

一、思想引领聚能，为扬帆起航的税务征程“造势蓄能”

上海市税务局以习近平新时代中国特色社会主义思想为指导，围绕学习宣传贯彻党的二十大精神这条主线，推动新时代党的创新理论深入人心。一**是纵合横通开新局**。市税务局党委第一时间传达市委宣传思想工作领导小组会议精神，将宣传思想工作作为“一把手工程”和管党带队治税的重要手段，落实“纵合横通强党建”机制制度体系，立足加强理论武装“支撑点”，强化壮大主流舆论“着力点”，挖掘精神文明实践“闪光点”，进一步凝聚条块协同合力，让上海税务宣传思想工作始终保持生机活力。**二是先进宣讲展风貌**。构建理论宣讲骨干队伍，用身边人身边事激发助推高质量发展的澎湃力量。聚焦践行“人民城市”理念，全国“人民满意的公务员”连池现场宣讲党的二十大精神。聚焦把握雷锋精神的时代内涵和实践要求，全国文明单位宝山区局第十二所分享“雷锋所”的感人事迹。聚焦营造向上向善税务文化，展播上海税务志愿者服务浦东引领区建设、长三角一体化等国家战略，参与抗击疫情、扶危济困的担当作为，展现外塑形象、内聚人心的税务“软实力”。**三是理论普及当先锋**。坚持党管宣传、党管意识形态，结合税务特色，推出接地气、显锐气、有生气的“税月心声”理论宣讲和“税收春风暖申城”惠民宣传两个上海市文明实践重点项目。税务干部进驻上海红色场馆地标，依托街道党群服务站，开展志愿讲解服务，打造沉浸式行走党课宣讲，争当红色基因的传承者、党的二十大精神的宣传者。

二、文明实践催化，为便民惠民的营商环境“增色添彩”

上海市税务局努力将传播新思想、引领新风尚的主线融入凝聚群众、服务群众的环境氛围之中，在全市开展税费政策宣传，积极报道便民办税举措，让税务系统的好声音更加响亮、正能量更加强劲。**一是**将文明实践志愿服务与税收业务紧密结合，为地方经济社会发展注入强劲“税动力”。系统各单位持续开展税务文明实践志愿服务活动，2023年3月2日，在杨浦区长阳创谷集中发布47个税务文明实践特色项目、42项“便民办税春风行动”、首批23家税务系统文明实践基地，将税收治理的新实践融入地方治理体系。**二是**主动对标国际一流标准、国内最佳实践，依托数字化手段赋能，助推上海更好打造市场化、法制化、国际化一流营商环境高地。在国务院第9次大督查中，上海市“以数治税”相关典型经验和做法被国办通报表扬和推广。上海税收营商环境创新试点6项改革举措获国务院办公厅发文在全国复制推广。**三是**结合常态化大调研等机制，针对群众关心和社会关切，打好信息发布、评论解读和舆论引导的组合拳，精心抓好宣传报道，加强税务新媒体等自有平台管理。上海税务网站新媒体吸引近240万纳税人缴费人及社会公众关注，获评“上海市第九届优秀网站”称号；“青春税月”微信公众号吸引系统内外1.3万名青年关注，获评“上海共青团十大微信公众号”。

三、 创新发展加速，为行稳致远的主责主业“提质增效”

2023 年是全面贯彻落实党的二十大精神开局之年，市税务局将**加强调查研究，唱响奋进的“主旋律”之声**。深入开展学习宣传贯彻习近平新时代中国特色社会主义思想主题教育，紧紧围绕市场主体关心的突出问题大兴调查研究之风，让新时代税务文明实践更具价值导向、更富文化内涵、更有情感温度，用优质高效的税收营商环境增强上海的城市吸引力和市场主体的发展活力。**讲好上海故事，坚守税务的“主阵地”之责**。发挥上海引领示范作用，打造税收“一带一路”实践基地，开展涉外税收交流互鉴，结合服务保障进博会等大型赛事展会，开办中国式现代化国际宣讲创智营，选拔培育一批具有国际视野、专业素养和双语能力的理论宣讲及政策宣传专业人才，讲好中国税收故事，展现上海城市品格。**接续奋斗传统，激活青年的“主力军”之能**。推进税务青年工作高质量发展三年行动计划，深挖上海党的诞生地“红色宝藏”，打造“思政金课”，构筑“沪税英才”人才生态圈，并进一步发挥系统志愿服务总队下辖志愿服务队和志愿者数量多、范围广的优势，打造具有上海特色、体现税务特点、成体系有规模的税收志愿服务品牌矩阵，为奔涌的税务“后浪”引航开路。

用东岸滨江新时代文明实践带深度践行“人民城市人民建”理念

浦东新区新时代文明实践中心

浦东新区整合全区优质资源，积极打造东岸滨江新时代文明实践带，不断丰富服务内容、提升服务能级、创新服务机制，通过挖掘滨江特色资源、梳理滨江红色故事、丰富望江驿服务内涵、培育志愿服务队伍、打造特色品牌项目等方式，深度践行“人民城市人民建”。

一、红色教育的实践带。浦东沿江地区是上海工人运动的发源地，沿线工业遗存建筑蕴藏着浦东党史的红色基因。民生码头 257 库改造为“四史”学习教育展场馆，上海船厂变身集文化、艺术、演艺功能为一体的时尚艺术中心，老白渡煤仓变身“文化+艺术”的艺仓空间，滨江工业遗存被激活，红色基因与时尚元素交相辉映。浦东新区精心设计 60 分钟的“红色”行走线路，串联起沿线 30 个地标、20 个滨江故事，结合宣讲员讲故事和当下备受欢迎的城市漫游形式，通过建筑故事、互动问答、拍照打卡，边行走、边观赏、边讲解，让居民了解百年浦江东岸工业文化变迁，感受浦东开发开放的磅礴力量，沉浸式体验“人民的滨江，世界的会客厅”。通过历史故事与现实场景相融合的方式，让市民群众在漫步滨江欣赏美景的同时，进一步参与到东岸滨江的文明实践当中。

二、惠民服务的实践带。依托望江驿各站点，提供丰富多彩的文明实践内容，把惠民服务真正做到居民的心坎上，广泛吸引全年龄层的市民积极参与。比如：在 3 号望江驿“遇见”可以让市民感受星空与未来科技感；在 4 号望江驿“发现”可以听直播，体验进博网红产品；在 5 号望江驿“初心”可以感受长辈们的复古小物件；11 号望江驿“驿动”，由市劳模、上海工匠、浦东新区公利医院骨科主任杨铁毅领衔，成立上海市首家工匠创新工作室，带领职工志愿者，积极推动站点的建设和运维，为居民提供更为精准、优质的服务。

三、多元展示的实践带。在线下，望江驿是东岸滨江服务的窗口，数支志愿者队伍活跃在东岸滨江，成为建设五彩滨江、打造“世界会客厅”的重要载体。青年导览志愿服务队、巡察志愿服务队、综合服务志愿队以及各类专业志愿服务团队助力东岸滨江秩序更优、环境更美、服务更好。浦东的风采、企业的风采、各类创新成果展示传播。线上以视频、音频的方式沉浸式体验行走线路，居民也可以通过讲述自己的东岸滨江故事，建立人人能参与、人人能展示、人人乐展示的文明实践平台。

四、城市文明的实践带。依托“1+22”浦东滨江文明实践带，以“共治、共建、共享”为宗旨，建立22个滨江东岸标准化“家门口”志愿服务站及X个特色志愿服务站，为滨水空间中的不同人群提供全方位志愿服务，全面提升浦东新区新时代文明实践能级。成立由职能部门、沿线街镇、企业共同组成的滨江东岸志愿服务专委会，负责滨江东岸志愿者团队的招募、管理、服务。面对滨江居民游客休闲生活、旅游观景、运动健身等多样化需求，志愿服务站需要提供精细化、菜单式的服务清单，让城市文明深入人心。深度打造“东岸滨江新时代文明实践带”行走线路，以志愿服务参与打造兼具“生态、生活、生机”的城市美好滨水空间，构建“一江一河”文明实践示范带，使其成为流动的文明实践平台和移动的党史学习教育平台，实现居民在哪里，文明实践就延伸到哪里。

以高质量志愿服务助推人民城市建设

徐汇区新时代文明实践中心

近年来，徐汇区以阵地建设为基础、以队伍建设为核心、以制度建设为保障，不断完善志愿服务体系建设，持续壮大志愿者队伍，积极推动志愿服务融入市民生活和社会治理，为人民城市建设和“建设新徐汇、再造新徐汇”提供强大的价值引导力、精神凝聚力和行动向心力。

依托实践阵地，让志愿服务遍地开花。依托“15分钟新时代文明实践圈”，构建完善1个区志愿服务指导中心、13个街镇志愿服务中心、311个居民区志愿服务站“1+13+X”三级联动的志愿服务组织管理网络。结合“美丽街区”“生活盒子”建设，推动新时代文明实践“一圈一带一园一街区”建设，启动全市首个新时代文明实践音乐特色街区，先后拓展建成268个特色实践阵地，建好用好徐汇滨江“水岸汇”新时代特色文明实践带，打造滨江沿线22个新时代文明实践点，持续拓展文明实践和志愿服务阵地网络。同时，大力推进文明实践和志愿服务信息化、智能化建设，依托“徐汇通”App搭建“志愿汇”平台，创新打造三级阵地“供单”、百姓“点单”、阵地“派单”、志愿者“接单”、群众“评单”相贯通的“五单式”工作模式，全流程服务居民超50万人次，不断凝聚志愿服务力量、激发文明实践活力。

加强队伍建设，让志愿服务凝心聚力。发挥36.93万注册志愿者力量，健全壮大“1+13+16+X”志愿服务队伍体系。强化“块”间整合统筹，组建13支街镇志愿服务队，下设126支街镇特色志愿服务队、414支社区志愿服务队。发挥“条”间专业优势，先后成立理论政策宣讲、科学普及、健康生活等16支区特色志愿服务队。2022年以来，新成立区楷模志愿服务队、秋海堂书法小志愿者服务队、滨江水岸汇志愿服务总队等多支特色队伍面向全区广泛开展文明创建、进博服务等志愿服务。持续推动志愿服务形成闭环管理，建立完善一整套志愿者招募、活动开展、培训管理、激励保障制度，重点完善评选表彰、宣传激励、礼遇优待等激励嘉许机制，18个志愿服务先进典型上榜全国学雷锋志愿服务“四个100”先进典型，推动榜样力量转化为居民践行核心价值观的实际行动，促进学雷锋活动融入日常、化作经常。

开展宣讲实践，让志愿服务提质增效。连续三年推出“新思汇——群众身边的理论大课堂”，聚焦区域发展重点、社会关注焦点和城区治理难点，凝聚理论工作者、基层干部、社区达人等力量开展宣讲、研讨案例、凝聚共识。由领导干部、专家学者带头，整合“汇青春”青年讲师团、“光启晚晴”五老报告团等，组建特色志愿服务宣讲联盟，2022年以来集中开展理论宣讲活动2000余场，培育理论宣讲志愿服务项目250余个，不断推动党的创新理论落地生根。搭建社区议事和社区服务平台，助力基层自治共治创新，凌云街道梅陇三村依托绿主妇志愿团队组建社区议事会，通过沟通协商有效处理宠物扰邻、侵占绿地、停车难等社区事务；天平街道“宝怡乐”志愿者数十年来为困难群体和一线工作者提供节日爱心物资，帮助外来务工人员融入城市。

打造特色品牌，让志愿服务蔚然成风。在志愿服务实践中，立足市民需求，推出一系列富有徐汇特色的志愿服务项目。倡导区域内188家文明单位带头履行社会责任，培育上海市第八人民医院“百雁”、徐汇区牙防所“汇笑牙防”、龙华烈士陵园“龙传人”、区总工会“跟着劳模做志愿”、浦银金租“蒲公英”保障小屋等特色志愿服务品牌，有力推动志愿服务活动常态长效化。发动基层组织力量，擦亮斜土街道“日晖有戏”志愿服务品牌，开展戏曲公益演出和戏曲美育推广活动；强化康健街道“雷锋亭”志愿服务项目，打响“康乐汇”等为民服务品牌，增强居民幸福感与获得感。发挥社区能人作用，积极培育张志勇志愿服务社、杨茶生志愿者服务团队“小杨志愿服务热线”等品牌项目，推动邻里相帮、跨地扶助，促进志愿服务理念深入人心、社会正能量不断凝聚，让居民切身感受到志愿服务的时代新魅力。

以组织力发挥战斗力　以感召力激发凝聚力
——全面推进疫情防控志愿服务工作

长宁区新时代文明实践中心

2022 年 3 至 5 月，长宁区以组织力发挥战斗力，以感召力激发凝聚力，全面推进疫情防控志愿服务工作。

一、聚焦“四有”，全面落实应急防控志愿服务各项要求

根据市委有关要求，在市委宣传部、市文明办的指导和帮助下，长宁在第一时间组建区疫情防控领导小组组织动员组，下设志愿服务工作专班，发动广大党员和志愿者守土有责、尽锐出战。

（一）动员有效，不断拓展社会动员的广度。充分发挥党员引领的示范力。3 月 11 日起至 5 月底，向全区各级党组织和党员干部和志愿者发出倡议书、动员令等共四批次，为共同战疫凝聚思想、凝聚力量。**广泛汇集社会公众同心抗疫的凝聚力**。推动落实“面上统一动员，条线积极组织、块上整合对接，点上合理调配”的志愿者招募管理机制。据不完全统计，共招募疫情防控志愿者近 4 万名，其中党员志愿者约占 50%。

（二）组织有序，不断加大志愿服务的力度。注重建章立制，建立完善会议沟通、信息报送和评价反馈等制度。制定下发居民区疫情防控志愿服务项目设置和岗位安排表，落实轮班制度。**注重精准对接**，推动组建党员先锋队、志愿互助队、青年突击队等 450 余支，覆盖封控楼组、拔点小区等重点区域。**注重岗位培训**，依托公众号、微信群等开展线上培训 9 次，编发岗位工作要点 8 期，持续开展岗前讲解、上岗带教。

（三）奉献有爱，不断提升守望相助的温度。**优化工作流程**。会同各街镇按照“就地转化、编组入队、建群结对”运行方式，建立报到工作群 196

个，探索接龙制、实名制等工作方式，提高志愿服务的活力。**对接居民需求**。围绕“健康守护”“特殊关爱”“楼组党建”三个专项行动，建立医疗服务组167个，与4546名困难居民结对，切实做好“最后一公里”和“家门口”服务工作。**突显文明共治**。据不完全统计，各级各类文明单位共捐款396万元，捐赠防疫物资近12000套，生活保障物资25650吨。

（四）保障有力，不断加大疫情防控的热度。**做实“暖心六条”关爱举措**。通过结对肩并肩、问候面对面、保障点对点，把对一线疫情防控工作者和志愿者的关心关爱落到实处。**做深典型人物事迹宣传**。广泛开展志愿服务先进事迹和优秀典型宣传推广。央视新闻刊发《“退役不褪色”　他为社区困难老人送来2000斤大米》，上海外语频道对长宁区江苏街道外籍志愿者白马克参与疫情防控志愿服务进行报道等。截至2022年5月，在中央和上海市媒体宣传报道近百篇，区各级各类新媒体平台报道约230篇。

二、 突出“四化”，全力完成常态化疫情防控社会动员任务

长宁将继续坚持人民至上、生命至上，**将社会动员与精准支援相结合，将常态化城区文明志愿服务与疫情防控社会参与新需求相结合**，快速有序实现全区防疫社会动员的平战转换。

（一）固化力量，沉淀应急防控志愿服务骨干个体和团队。按照抓点、守线、铺面的方式做好现阶段防控工作转化。**“抓点”指的是行业+属地双进入**：针对建筑工地、交通场站和养老场所等，发挥党员志愿者模范带头作用，在文明引导、两码核验、防疫消杀等方面发挥积极作用。**“守线”指的是正规军+志愿队相结合**：针对商铺、商办楼宇、小旅馆等社会面管控薄弱环节，会同公安、城管等部门组成专项整治“正规军”，结合文明创建要求，定期进行联合执法，组织各街镇平安志愿者编组入队，配合专项整治队伍开展联合检查。**“铺面”指的是阵地战+运动战相促进**：在老旧小区等重点场所的疫情防控中，如遇突发情况，由区街两级下沉百人队伍和社区报到志愿者为主力部队开展阵地战，由其他机动力量进行支援策应，开展运

动战。

对于前期下沉机关队伍、在职党员和志愿骨干，倡导八小时之外社区志愿服务，做到“手中有账、心中有数”。社会化招募社区常态化管理、复工复产政策宣讲、特殊人群关爱、核酸采样和疫苗接种辅助等 8 支专项志愿服务队。

（二）优化机制，以疫情防控志愿服务促城区志愿服务提升。坚持人员对接机制。及时掌握志愿者返岗复工情况，社区、楼宇、行业服务志愿者基本信息，在工作岗位、区域、任务上做好动态调整。**坚持岗位衔接机制**。对志愿者进行分类别压茬培训，不断为疫情防控引入“新鲜血液”。做好志愿力量有序轮替，确保工作要求不松、工作力度不减、有生队伍不散。**坚持长效动员管理机制**。总结梳理“就地转化、编组入队”“楼组网格”“实名认证”等自主性、扁平化志愿服务管理模式，鼓励广大志愿者将疫情防控期间的服务热忱持续传承弘扬。

（三）强化保障，以新时代文明实践统领志愿服务工作。与组织部门协同做好对在职党员、下沉干部的表现鉴定、慰问感谢，对志愿者进行服务认定和激励。持续加大志愿服务政府专项经费保障，并充分调动文明单位、社会组织、基金会等社会力量，完善志愿服务防护及物资保障。依托新时代文明实践中心站点，打造“志愿者驿站”，把对志愿者的关心关爱落在实处。

（四）深化宣传，以志愿服务精神营造良好氛围。梳理汇总并持续挖掘、宣传疫情防控志愿服务先进典型、暖心故事、凡人善举，坚持依托区级传播阵地和社区传播载体，用朴实的语言、用双语、多语方式弘扬守望相助的正能量，彰显抗疫的价值和意义，大力营造良好的工作氛围、社会氛围和舆论氛围。

美丽苏河[①] 志愿有我——积极打造“一江一河”新时代文明实践带品牌项目

长宁区新时代文明实践中心

为积极践行人民城市重要理念，推进上海“一江一河”文明实践带建设，助推长宁“四力四城”建设，长宁区以服务“一江一河”民心工程为着力点，以志愿服务工作为切入点，策划推出“美丽苏河 志愿有我”系列志愿服务品牌项目，进一步使资源活起来、让群众动起来、促苏州河美起来，同时打造兼具“生态、生活、生机”的城市新地标，助力提升软实力，为加快建设具有世界影响力的国际精品城区提供精神动力和实践样本。

一、擦亮城区名片，统筹推进志愿服务行动

（一）在“共享、共育”中创新阵地建设

长宁区苏州河沿线园区、驿站、公园绿地、志愿服务站、红色纪念地等是新时代文明实践的特色阵地。根据“资源整合、阵地共享、项目共育”的原则，特色阵地已成为居民开展党群服务、理论教育、文化休闲、生态科普的综合阵地。围绕华东政法大学段“一带十点”的打造，团区委牵头挖掘历史文脉和建设故事，宣讲民心工程，传播苏州河文化。新时代文明实践特色阵地建设正依托“一江一河”志愿服务工作，提升苏州河沿线阵地服务能级，创新活动内容，激活居民参与文明实践的积极性与创造性。

---

① “美丽苏河 志愿有我”是长宁区新时代文明实践中心围绕“一江一河文明实践带”建设推出的文明实践志愿服务品牌项目，此处“苏河”即是指苏州河。

（二）在“共享、共建”中助力项目推进

志愿团队是人民城市重要理念的传播者和践行者。长宁区文明办积极整合各部门力量，组建“苏州河市容市貌党建志愿服务队”、“山川河流志愿者服务团队”、“小水滴”志愿服务队、“苏河小宁①”志愿服务队、“护河志愿服务队”、苏州河党课青年宣讲团等广大志愿团队，通过资源共享、项目共建，不断丰富常态化志愿服务活动内容，以实际行动助力长宁“一江一河文明实践带”建设。

（三）在“共享、共商”中提升协作效能

长宁区文明办、区建设管理委、区生态环境局、区文化旅游局、区绿化市容局、区团委、区妇联、华阳路街道、周家桥街道、北新泾街道、新泾镇等部门、街道（镇）加强沟通协作，建立志愿服务工作定期会商机制，定期对接志愿服务资源、队伍、项目等，合力做好“一江一河”新时代文明实践带志愿活动的策划、推广、宣传等工作。

二、 点亮品牌特色，生动开展志愿服务活动

（一）“倾听苏州河——苏州河文化的讲解员”志愿服务

在沿线居民、青少年等群体的积极参与下，通过沉浸式讲解、沿河寻访等方式，把苏州河沿线的历史建筑、百年校园、海派文旅、公园绿地等资源和苏州河建设感人的故事娓娓道来，深入宣传苏州河历史文化风貌。依托华东政法大学、三十七民众夜校，通过线下宣讲、线上 H5 预约模式，形成苏

① “苏河小宁”为志愿服务团队名称，该志愿服务团队是由长宁区妇联发起，旨在引导广大少年儿童知历史、晓文化、爱自然，邀请来自各街镇的儿童，深入了解苏州河长宁段的历史、沿岸建筑特色、健身步道、海派文化等相关知识内容，用儿童的眼睛、视角和心灵看苏州河，通过考察、摄影、议事和采访报道等方式，感受长宁区苏州河之美，讲好长宁区苏州河故事，让“小宁”在长宁区苏州河成长得更美好。

州河系列“行走的党课/团课”。通过项目实践逐渐培育起“小宁导游员”“小宁宣讲员”“民间小河长”等小小志愿服务队，为青少年群体的文明实践提供更广阔的平台。

（二）“畅游苏州河——苏州河景致的探寻员”志愿服务

由长宁区文旅局牵头开展“苏州河特色微旅行”和“苏州河映象城市‘考古’”活动，通过挖掘苏州河沿线的“转角惊喜”“街区漫步”“建筑阅读”“城市温度”，让民众在双层巴士车游览苏州河活动中，感受苏州河独特的历史沉淀和艺术人文故事，领略苏州河之美。影像记录志愿者队伍，用镜头来记录表现苏州河的前世今生，为人民城市留存苏州河记忆。华阳路街道牵头打造“水库公共会客厅”，成为市民畅游苏州河、共享苏州河的集聚地。

（三）“共治苏州河——苏州河治理的共建员”志愿服务

在文明办、街道和各相关部门协作下，各志愿服务团队、护河队定期开展河岸步道和场馆路线指引、秩序维持、文明引导，向周边居民开展普法宣传、禁限行为劝止等志愿服务。通过开展“苏州河建设大家谈”活动，为公共空间建设和规划实施以及苏州河沿线的景点开发、码头设置、标牌标识、旅游线路等建言献策，贡献智慧，使苏州河不断成为长宁宜居、宜业、宜游、宜乐的现代生活示范水岸。

（四）“美丽苏州河——苏州河环境的守护员”志愿服务

在“3·5学雷锋日”“3·22世界水日”“4·22地球日”“6·5环境日”等主题活动日中，组织开展苏州河环境保护宣传、河道养护和步道养护志愿培训，开展捡拾、巡河、护河等志愿服务活动。专家志愿者向市民和游客科普上海本土生物、水生植物、水鸟等知识，使环境科普志愿服务活动成为提升苏州河治理的智库。“市容+道路+美丽街区”工程正稳步推进。

三、照亮文明底色，不断丰富志愿服务内涵

“美丽苏河　志愿有我”四大志愿服务呈现了长宁“一江一河文明实践带”建设的品牌内涵，通过系列品牌志愿服务项目的推进，我们聚人心、共携手、多引导、勤实践，使志愿服务团队越发壮大，志愿服务项目落实落细，志愿服务内涵更贴历史更合时代，志愿服务形式更加多元，让文明实践听得见、看得清、说得上、摸得着。苏州河颜值悄悄升级之时，也是长宁居民文明程度提升之时，这是新时代文明实践志愿服务工作最好的诠释。

打造新时代文明实践示范街　构筑共建共治共享多元服务的“街区共同体”

普陀区新时代文明实践中心

普陀区自2020年起启动新时代文明实践示范街区创建工作，在长征镇清峪路、宜川路街道中华新路打造了两条各具特色的新时代文明实践示范街。以深化拓展文明实践工作为中心，落实新时代文明实践“六大任务”为内核，创新“八个一”工作法，积极探索街区自治共治和精细化管理，创建商户自治会、组建文明实践志愿服务团队、因地制宜在街区打造党史学习教育、科学普及、儿童友好、文明健康、志愿服务等不同功能区块。以打造“新时代文明实践街区”深化党建引领、群众自治、多元共治的治理格局，积极提升街区环境，拓展服务功能，打造学、娱、住、行、办事、购物于一体，有颜、有料的“街区共同体”。

一、组织多元实践主体参与，全面落实街区工作法

一是创新“八个一”文明实践街区创建工作法。通过一书（签订市容环境卫生责任区责任落实承诺书）、一档（线上登记管理系统“一单位/商户一档”）、一群（建立“街区自治群”）、一牌（“党员亮身份”活动）、一约（文明公约）、一评（开展文明商户评选）、一会（商户自治会）、一创（创建文明实践示范路），“八个一”工作法联动商户、周边志愿团队、周边社区、学校、街道职能科室等多元群体，共同参与到街道治理中，让文明实践街区井然有序，在浓浓的烟火气中彰显城市温度与文明。**二是组建自治自管服务组织，优化商户自治会服务力**。充分挖掘两条路线周边服务资源，组建功能型块区，同时，积极推动街区商户党员主动“亮身份、树形象、践承诺”，参与社区文明实践和志愿活动，加强商户党员和社区党员的沟通互动，

实现街区和居民区的党建共建、互助互融。依托商户自治会，强化文明意识养成。由沿街居委会、社区民警、商户、学校、企业单位等自愿组建自治共治志愿服务队。在分中心及相关职能部门引导下，开展商户文明公约讨论、常态化志愿服务项目设计等，在达成共识的过程中教育和引导商户争做文明街区的倡导者、实践者和守护者。以自治会为平台，调动商户志愿者力量，投身街区文明创建，形成全面动员、全民参与的良好氛围。抽调自治会成员组成门责巡查志愿服务队，形成每周自查互查监督机制，进一步夯实门责公约，使自治共治成为街区治理新风尚。

二、提升文明实践引领力，探索街区治理新路径

一是开展多方协同共管共治，提升专项整治行动力。中华新路新时代文明实践街区以打造品牌项目、定期开展文明实践活动为抓手，为街区治理探索新路径。街道分中心发动63家沿街商铺成为街区文明实践服务志愿者，积极参与街道组织的各类志愿服务活动。2021年起每周六开展“美丽街区日”常态化文明实践活动，激发商户主体意识，鼓励商铺自治管理，以自治会为平台，调动网格员、商户、党员志愿者力量，排班轮值开展大扫除活动，至2023年4月，已开展105次。**二是依托市区两级实践平台，开展文明实践专题活动**。街道新时代文明实践分中心在市、区两级文明实践平台发布街区志愿服务项目，街道总工会、党群办联合组织开展中华新路技能争霸赛活动，组织开展厨艺大比拼、光盘挑战赛、垃圾分类志愿行动等特色项目活动。积极调动商户参与街道公益、社区文明实践的主动性，充分发挥商户的服务特长，为商户提供展示的平台，为社区居民提供沟通的桥梁，促进商户与居民区之间的沟通，打造互通、互联、互助的生活氛围。

三、发挥文明实践整合力，为示范街区赋能增辉

一是充分整合优质资源，全面提升街区各项功能。清峪路文明实践示范

街区以志愿七彩为底色，整合政府、社区、街区沿线单位、社会等多方力量，全面焕新街区颜值。长征镇新时代文明实践分中心充分发挥辖区内互联网企业集聚优势，发动上海天地软件园、波克科技、柏项网络等9家党建联盟单位提供资金、技术、志愿者等各类资源，推进文明实践街区改造建设。设计“四史”实景教育点、科普花园·初心广场、“转角遇见幸福”公益宣传墙、“阿拉长征”彩虹步道、文明实践功能展牌等。利用镇互联网行业党委优质资源，打造5G场景下的“四史”学习实景教育点，周边居民、学生可以通过影片长廊“线上”扫描二维码观看电影精彩片段的形式，从15部代表性的爱国主题电影中，汲取精神力量。**二是调动志愿服务力量，组建街区文明实践共同体**。发动社区能人志愿服务队伍，天地软件园互联网企业志愿服务队共同对街区的墙面、9个电表箱、公交车站等进行公益宣传绘制。为周边近70个商铺制作文明公示牌，留下商家的照片以及店主对街区建设的美好愿景。引入社区文艺志愿队、新长征讲师团、长征中学教师志愿者队等周边文明实践团体，利用初心广场开展红歌传唱、理论宣讲、党史教育、亲子活动等。“街区共同体”还自主编排创作多个弘扬正能量、主旋律的文艺作品送进周边小区、学校、片区，全面提升街区共同体成员的文明意识和自我管理意识，构建人人参与文明实践的街区氛围。

喜迎二十大　传承初心精神　创新打造“最后一公里”新时代文明实践活动

静安区新时代文明实践中心

上海市静安区新时代文明实践中心，以白领和居民需求为导向，把文明实践志愿服务工作作为一项重要的民心工程，推进打造15分钟文明实践圈，更好凝聚群众、引导群众、以文化人、成风化俗，进一步打通宣传群众、教育群众、引领群众、服务群众的“最后一公里”。

一、以初心守护人为媒介，形成“十百千万文明实践行”

上海市静安区新时代文明实践中心结合中共二大召开百年和首部党章诞生百年，以“喜迎二十大”为主题，开展“百年初心路　文明实践行”系列活动，展示新时代十年党和国家事业的伟大成就、伟大变革和人民生活巨大变化，推出百位先锋人物、先进典型作为“初心守护人”，带动千名文明实践骨干志愿者，服务万名居民，形成“十百千万文明实践行”活动。为更好传承党的精神谱系，深刻传递爱国情怀，在全区范围广泛寻找新时代“初心守护人”，他们中或是深得病人信任，保存着56把居民家中钥匙的社区家庭医生严正；或是凭借一颗赤子之心，坚持多年为弱势群体发声的法律援助律师张玉霞；或是为少数人群科普服务，从事艾滋病防治领域志愿服务工作14年的志愿者卜佳青；或是结合体育专长，以“白领减压”康健公益项目进入楼宇、走进企业的健身志愿者孔晓峰；或是耐心倾听老人需求，倾心提供专业、精准养老方案的金牌社区养老顾问梁苏琴……发挥榜样的力量，由他们带领志愿服务团队，开展各类志愿服务活动，弘扬为民服务光荣传统和甘为孺子牛的奉献精神，传递新时代正能量。

二、以精准需求为先导，真正落实居民所期所盼

牢牢抓住服务居民、凝聚居民的主目标，持续织密文明实践志愿服务工作四级联通网络，发挥区新时代文明实践三级阵地协同联动、承上启下的作用，将文明实践志愿服务的触角延伸至各个角落，形成由市文明办指导，区新时代文明实践中心统筹协调、各街道（镇）文明实践分中心认领对接，各文明实践站定制配送志愿服务活动模式。聚焦居民所想所急，开展网格式走访联系，深入群众一线，摸清基层情况，切实了解居民的真实需求，既可满足居民普遍、共性需求，设计普惠性志愿服务项目配送基层；又可根据特殊人群差异化需求，制定单独配送特惠性志愿服务项目，突出价值导向、服务发展大局、紧贴居民民生，努力打造务实管用、精准便利、常态持续的志愿服务品牌。截至2023年4月，排摸对接社区居民、楼宇白领等各类差异需求，持续性精细化开展理论宣讲、疫情防控、尊老爱幼、帮困助残、心理疏导等文明实践志愿服务活动80余场，服务近万人。

三、以数字赋能为支撑，提升志愿“星光”服务能级

充分利用“上海市新时代文明实践综合服务平台”和“静安区新时代文明实践智慧云平台”，盘活区内各条线资源，完善“供给单、需求单、完成单”三单式供需对接资源和“供单、点单、派单、接单、评单”五单式精准服务居民流程。围绕活动组织、服务配送、宣传引导、激励保障等工作，实现项目清单发布、需求对接、成果展示、经验总结、交流分享、宣传报道全流程数字化，保证所有文明实践志愿服务活动落实到位。畅通全区各相关部门及各街镇新时代文明实践分中心、实践站信息发布渠道，并与区融媒体中心融合发展，与“学习强国”“红途”等平台信息联通，形成线上线下协同运行、智能互动的良好格局。发挥线上线下媒体资源，开设专题栏目，广泛开展宣传动员、成果展示、经验分享等形式多样的活动，持续扩大

社会影响力，形成正向宣传效应。通过“初心守护人”带领和感召，发动更多青年人、志愿者参与文明实践志愿服务，让文明实践志愿服务活动的受益者成为自愿投身文明实践服务活动的参与者，通过大胆试、勇敢闯、实效好、口碑佳的新时代文明实践志愿服务活动（项目），形成点燃一盏灯、照亮一大片、汇聚志愿“星河”的效应。

高举“文化三地”之旗，讲好虹口故事

虹口区新时代文明实践中心

虹口区新时代文明实践中心深入创新学习传播科学理论的大众平台，依托辖区内丰富的人文资源，挖掘文化名人故事，传承海派文化内涵，弘扬先进文化精神，充分利用居民身边的宣讲阵地、思政课堂，打造“文化三地”志愿宣讲团，讲好新时代的中国故事、上海故事、虹口故事，持续推动宣传宣讲党的政策、学习实践科学理论走深走实。

一、织密阵地服务网络，做到“处处皆能讲”

虹口曾被习近平总书记赞誉为“海派文化的发祥地、先进文化的策源地、文化名人的聚集地”。作为上海红色文化旧址遗址最密集的区域之一，虹口区以四川北路为中轴，在近2平方公里范围内，整合2处全国爱国主义教育示范基地、3处市级爱国主义教育示范基地、57处红色文化遗址旧址，打造“红色文化生态示范区”。依托中共四大纪念馆、多伦路、鲁迅公园等优秀历史文化资源，挖掘革命前辈感人故事，创新打造四川北路先进文化、多伦路山阴路名人文化等行走路线，让区内重要的红色文化遗址成为居民可参观、可阅读、可融入的重要活动场所。同时，不断深化拓展新时代文明实践阵地网络，联动中国证券博物馆、上海邮政博物馆、上海犹太难民纪念馆等特色阵地，形成国际化、多元化、专业化的“一江一河”新时代文明实践示范带，推出“北外滩海派文化人文行走路线”，助力滨江水岸成为有温度、有活力、有格调的“国际会客厅”。

二、创新文明实践方式，着力“时时皆能讲”

运用信息服务平台机制，积极探索“互联网+文明实践”模式，深入开展线上线下人文行走形式，不断创新文明实践的载体和主体。结合居民修身行动开展“文化三地”人文行走活动，依托“文化三地”人文掌上行 H5，增添互动性、创新性和趣味性环节；并不断完善行走内容，联手社区学院，让居民在行走、听讲、互动中，品味海派文化、感悟红色文化、追寻名人足迹。聚焦居民精神文化需求，搭建宣传教育平台，贴近居民生活，在疫情期间开展移动课堂，定期推出云端行走路线，跟随“文化三地”志愿宣讲员一同漫步上海大厦、中国邮政博物馆、外白渡桥等沪上知名建筑，体会虹口海派魅力，打通教育居民、关心居民、服务居民的“最后一公里”。

三、着力“人人皆愿讲”，增强志愿服务力量

依托“益彩虹——虹口区新时代文明实践云平台”，招募“文化三地”志愿宣讲员百余名。完善理论宣讲机制，充分发挥讲师团、先进典型、基层骨干作用，用好线上线下，统筹系统内外，加强终身教育力量。区新时代文明实践中心已成为复旦大学、上海财经大学、海关、消防等高校、单位的文明实践志愿服务基地，一批有专业技能、有青春活力、有创造力的青少年志愿者不断充实到志愿服务队伍中。2023 年 4 月，全国最美志愿者张家禾、上海“市民修身”优秀导学志愿者陈颉等已参与“文化三地”志愿宣讲队伍中，开发“文化三地”宣讲路线 10 余条，开展活动 200 余场，线上线下参与人次突破 18 万，受众人群涵盖志愿者、新阶层人士、教师学生以及社区居民等。其中，5 批 50 名高校在校生依托区域内深厚的文化底蕴和丰富的红色资源，“对海派文化、红色文化、名人文化”进行路线研究和设计，并开展人文行走，成为红色基因的重要传播者。重点打造“新年第一课”系列活动，培育未成年人宣讲团，一批有专业技能、有青春活力、有创造力的青少年志愿者不断充实到志愿服务队伍中。结合“一江一河”文明实践示范带，积极招募外籍志愿者，着力打造“双语会客厅”，让“双语”服务促进志愿服务国际化，向世界讲好虹口故事，传播最美虹口声音。

“文化三地”志愿宣讲项目于 2021 年、2022 年登上中央电视台 7 点档

《新闻联播》节目，被中国文明网、“学习强国”平台、雷锋杂志微平台等全国媒体报道，且获2021年全国终身学习品牌项目和上海市“市民修身行动”特色项目称号。

用好文明实践“金钥匙” 解锁理论宣讲“新模式” 推动党的二十大精神落地生根

杨浦区新时代文明实践中心

杨浦区注重发挥人民城市首提地优势，高举“人民城市·文明先行”旗帜，统筹文明实践阵地资源，开展多样化理论宣讲活动，迅速掀起宣传宣讲二十大精神的热潮，至2023年4月，共计开展线下宣讲385场，受众31211人次，线上宣讲317场次，受众732271人次，实现学习对象、学习场所的“全覆盖、全渗透”，切实打通理论宣讲的“最后一公里”，确保党的二十大精神在杨浦落地生根、开花结果。

一、解锁新队伍，提升思想引领力

一是迅速组织动员，组建宣讲团队。区中心充分发挥“三区联动”优势，着力发挥领导干部带头示范、党员先锋模范作用，按照《中共上海市杨浦区委关于学习宣传贯彻党的二十大精神的决定》《中共上海市杨浦区委办公室关于做好学习贯彻党的二十大精神宣讲工作的通知》要求，第一时间组建“杨浦区学习贯彻党的二十大精神宣讲团”，推动“五老宣讲团”、青年讲师团、大学生理论宣讲队等各类理论宣讲队常态化进驻新时代文明实践阵地，共成立97个理论宣讲志愿服务队伍，组织652名居民宣讲员，开展覆盖全区的新时代文明实践理论宣讲工作。**二是把握创新理论，提高宣讲质量**。举行宣讲工作动员会，组织全区各单位宣传思想工作分管领导、党的二十大精神宣讲团成员开展宣讲培训和专题辅导，邀请市委讲师团成员、高校专家学者、基层宣讲骨干等进行宣讲经验交流。宣讲团聚焦新时代历史性成就、历史性变革的新定位、对习近平新时代中国特色社会主义思想的新论断、对中国式现代化的新阐释、对全面建设社会主义现代化国家的新谋划等展开专题研究和宣传。

二、解锁新品牌，提升传播影响力

一是用好各类平台，推出精品课程。以开展党的二十大精神宣讲为契机，整合高校资源，深化“大家微讲堂”网红理论宣讲品牌，形成《“三区联动”汇“大家”、“四个百年”聚“讲堂”》经验做法。举办二十大系列情景党课“同听共学”活动、“学习党的二十大　永远跟党走”主题讲座等，诠释党的二十大重大意义，介绍新时代的伟大变革，展现人民群众在党的领导下取得的累累硕果。**二是结合线上线下，打造宣讲品牌**。着力发挥区域老干部老党员的独特优势，组建“老杨树宣讲汇”——学习贯彻党的二十大精神老干部宣讲团，团员包括“七一勋章”获得者、全国劳动模范黄宝妹等先锋模范、高校专家学者、退休老干部、老教师等。通过哔哩哔哩“杨浦老干部”直播账号，组织线上线下宣讲，扩大宣传教育覆盖面、影响面，更好传播党的二十大精神。

三、解锁新形式，提升话语说服力

一是多元宣讲方式，打造“学习盛宴”。开展多样化文明实践活动，以“学习二十大、永远跟党走、奋进新征程”为主题，以“青年马克思主义者培养工程”“青年讲师团”“国旗下成长”等工作品牌为载体，成立红色场馆青年志愿讲解志愿服务队伍，与江浦路街道文明实践分中心联合出品《战火凝情　初心铭心》纪念王根英烈士情景短剧，合力打造二十大精神的“学习盛宴”。**二是拓宽宣讲渠道，建设“第二课堂”**。开展特色化文明实践活动，与复旦大学、上海财经大学携手合作，通过“人人讲堂”项目推出融合“烟火气+书香味”的系列讲座及各类文化活动，辐射至周边居民、大学师生和大创智知识工作者，实现基层宣讲与居民零距离。推进党的二十大精神进社区、进校园，举办“定义睦邻街区建设新未来”2023年五角场街道第一期“吾友治慧堂”座谈会，辖区青少年开启头脑风暴，纷纷提出进一步完善睦邻街区建设“金点子”，共同绘制睦邻街区美好图景。

四、解锁新阵地，提升教育渗透力

一是厚植城市精神，彰显城市品格。深入贯彻党的二十大报告中关于城市软实力的重要论述，以培育践行社会主义核心价值观为根本任务，打造富含特色的文明实践品牌“国歌故事进课堂”等，为杨浦加快建设“四高城区”、争做人民城市建设标杆提供坚强思想保证和强大精神动力。用好媒体阵地，在上海杨浦App文明实践中心频道对杨浦区深入开展党的二十大精神宣传宣讲做相关报道近百篇。区融媒体中心全媒体平台累计推出视频、图文等相关报道160余篇。**二是厚植基层沃土，拓展社区宣讲阵地**。区新时代文明实践中心组织街道分中心及实践站发展各自资源优势，先后举办第八届“诗书定海”诵读大赛；特聘居民区、“两新”党组织书记等，组成“‘理论+’党的二十大精神宣讲团”“‘党课+’党的二十大精神宣讲团”；制定2022年度“育强领头雁，建功新时代”基层党组织书记强基赋能活动方案，深入融会贯通“实践学”、立学立行抓落实，将党的二十大精神转化为推动基层社区治理的不竭动力。

文明有戏传经典　文化惠民暖人心

黄浦区新时代文明实践中心

黄浦区新时代文明实践中心正式运行以来，深入调查研究、加强统筹规划、精准对接需求，以项目化方式整体推进文明实践工作，推出了“十个有”文明实践系列项目。“文明有戏”作为十大项目之一，注重大力弘扬中华优秀传统文化、革命文化和社会主义先进文化，并充分依托新时代文明实践阵地资源，不断把“文明有戏”的无穷魅力送到居民身边，切实满足居民的精神文化需求。

一、主要做法

（一）专业+平台——共育文化精品

黄浦区新时代文明实践中心与上海独角戏艺术传承中心、上海昆剧团、文慧沪剧团、上海红领巾说唱艺术团等专业院团深度合作，将专业资源引入平台阵地，吸引院团文化名人、文艺骨干发挥各自优势，投入文化创作，投身社区文明实践；注重选题策划、精编细导，共同创作推出“越文明越欢笑”“昆曲导赏讲座”“红色曲艺党课”“黄浦别样红”等“文明有戏”系列佳作，以居民喜闻乐见的形式丰富文化生活，传播文明理念，弘扬时代新风，以文化人、成风化俗。

（二）导赏+演绎——提升文化感染

为了让居民更好地了解中华传统曲艺的博大内涵和魅力，“文明有戏”的每一场演出都采取“导赏+演绎”的方式进行，在边讲边演、边说边唱中，台上台下共互动，有效提升了演出效果。“越文明越欢笑”在宣传独角戏艺术过程中，以说唱形式传播厉行节约、反对浪费、公勺公筷、绿色环保、文明养宠、文明出行等文明新风尚，倡导健康新生活，寓教于戏、寓教于乐，让群众在欢声笑语中产生强烈共鸣；“昆曲雅音会”通过对昆剧经典剧目的讲解，由浅入深向观众普及何为昆曲、昆曲的由来、昆曲的行当等，并现场演绎经典片断，让观众对中华传统艺术充满热爱和崇敬；“红色曲艺术党课”将党的历史、时代新貌、红色故事等丰富内容蕴含其中，用沪语沪调唱出来、讲出来，凸显浓郁的海派文化特色，厚植爱党爱国爱家乡情怀，获得社区党员群众的交口称赞。

（三）线上+线下——扩大受惠居民

线下通过区新时代文明实践综合服务平台，精准供需对接，向基层阵地进行“点单式”服务配送，让好戏走进各级新时代文明实践阵地，让居民在家门口就能享受高质量的文化服务。线上通过区中心和分中心视频系统，以及区级融媒体线上平台，组织网络直播，进一步扩大文化精品佳作的传播和辐射。“文明有戏”项目开展以来，线上线下共开展集中性的演艺 200 余场，受众达 18.5 万人次，极大提升新时代文明实践中心文化服务供给多元便捷、精准有效。

二、 工作成效

（一）实现双赢发展

黄浦区新时代文明实践中心每年安排专项资金支持项目开展，一方面通过与专业院团联手，提升创作质量，共推精品佳作；另一方面专业院团也通过新时代文明实践互联共通的平台，进一步走进基层、走入居民，在与社区居民面对面的“零距离”接触中，真切了解所思所想所议，为创作更接地气、更受欢迎的文化作品奠定基础。

（二）做实文化供给

以居民需求为导向，充分发挥新时代文明实践阵地功能，充分调动社会力量参与公共文化服务，进一步丰富内容菜单，创新配送模式，立足15分钟社区生活圈，努力提升基层文化惠民服务的覆盖面和均衡性，做实“最后一公里”文化供给，让居民乐享文化服务。

（三）厚植城市精神

充分发挥黄浦区红色文化渊源厚重、海派文化成色鲜明、江南文化要素集聚的特色，持续补充拓展，有机融入文化创作；溯源城区文化肌理、传承文化经典、凝聚精神品格，厚植于黄浦市民的生活方式、精神气质和文明素养之中。

三、经验启示

一是精准调研。把好的文化惠民活动筹划好、组织好、举办好，取得实效，前提基础就是要精准了解群众需求，要依托各级文明实践阵地，开展“大调研”，组织网络问卷、书面征集、座谈会议和工作走访，切实摸透搞清居民需求。

二是精准对接。坚持从需求出发，统筹各方、精准发力、持续推进，切实为居民提供丰富优质的文化服务。要注重自下而上、“以需定供”的互动式、菜单式服务方式，努力提高文化资源配置的效率。

三是精准管理。充分关注受众反应，让受众参与评议反馈，倾听最直接的意见建议，考量内容吸引力、思想共鸣性、情感共情度等，真正做到将居民最需要、最喜欢的文化送到他们身边。

凝聚志愿服务“软实力”
提升常态防控“战疫力”

闵行区新时代文明实践中心

2022 年 3—5 月，在市委宣传部、市文明办的指导帮助下，闵行区疫情防控志愿服务紧紧围绕强信心、暖人心、聚民心发挥重要作用，为打赢大上海保卫战提供了强大的力量支持。有三个主要特点：

一是瞄准难点，凝聚硬核抗疫力量。以“越是艰难越向前”的拼劲，迅速落实志愿服务力量的组织动员。依托全区三级文明实践志愿服务阵地，线上线下同步发布志愿者动员招募令，动员志愿力量，制度化落实志愿服务。至 5 月 30 日，全区累计招募本轮疫情防控志愿者 58290 人，在“上海志愿者网”发布疫情防控志愿服务项目 1830 个，开展线下培训 2571 场次，线上培训累计参与 75510 人次。

二是打通堵点，构筑坚强抗疫屏障。以“咬定青山不放松”的韧劲，高效落实、动态指导。针对疫情防控志愿服务阶段性任务编发《闵行区疫情防控志愿服务工作提示》10 期，推出《闵行区社区疫情防控实战指引》《闵行区社区疫情防控工作组（志愿者）指导手册》，将人员集结、物资保障、岗位分工等必备流程标准化，形成“志愿服务流水线”。

三是直击痛点，织密精细服务网络。以“致广大而尽精微”的干劲，精准对接居民“急难愁盼”。聚焦社区疫情防控需求，开展“五彩邻里先锋”专项志愿服务行动；依托文明实践阵地网络，形成“专业咨询+志愿辅助”心理疏导运行模式；依靠区志愿服务热线，为 485 个志愿服务组织和志愿者提供咨询、解决难题；利用“文明闵行”微信公众号开辟“疫情防控”专栏，发布志愿服务信息 352 篇，累计阅读量超过 50 万人次。

前阶段的疫情防控既锻炼了志愿服务能力，也为常态化疫情防控志愿服务提供了经验。闵行区将围绕发挥志愿服务“软实力”、增强整体“战疫力”推进工作。

一、健全机制、压实责任，持续提升常态化疫情防控志愿服务“聚合力”

一是健全组织领导机制。建立由区委宣传部、区文明办会同相关职能部门及街镇共同组成的疫情防控志愿服务工作组，整合资源力量，统筹协调全区疫情防控志愿服务工作。指导街镇建立相应的组织架构，构建上下贯通的志愿服务组织体系和工作机制。

二是完善工作指导机制。编制闵行区《开展常态化疫情防控志愿服务工作方案》《疫情防控志愿服务应急预案》以及《疫情防控志愿服务指导手册》。坚持问题导向，适时编发疫情防控志愿服务工作提示，加强动态指导。

三是强化服务保障机制。推出线上线下赋能培训，着力提高常态化疫情防控志愿服务组织管理、应对处置能力。建立工作例会、信息报送等制度，落实属地管理责任，加强志愿者岗前培训，落实志愿者防护措施，保障志愿者放心上岗、安全服务。

二、结合任务、注重需求，持续提升常态化疫情防控志愿服务“战斗力”

一是突出重点防控任务落实。始终聚焦“动态清零”目标和疫情防控阶段性需求，调整志愿服务内容。深化细化无疫小区、无疫园区、无疫企业创建中的志愿服务，把社区、园区、厂区及公共场所等人群聚集地作为疫情防控志愿服务重点推进落实。

二是纳入文明实践阵地网络。结合“15 分钟文明实践圈”打造，依托文明实践三级阵地，常态化开展防疫宣传引导、“15 分钟核酸采样服务圈”建设、疫后重点人群心理疏导等志愿服务，始终把疫情防控志愿服务作为文明实践工作的重中之重。

三是融入文明城区深化建设。结合全国文明城区测评指标落实，发扬闵行“创全”精神，制度化推进疫情防控志愿服务各项工作，推动全区“在岗+储备”志愿服务模式常态长效运转。

三、深入宣传、正向激励，持续提升常态化疫情防控志愿服务“亲和力”

一是强化经验总结运用。注重梳理总结疫情防控志愿服务的鲜活经验、创新做法、优秀案例，继续组织发挥好社区志愿服务能人、达人作用，推动志愿服务更好助力社会治理、社区自治，为常态化疫情防控志愿服务提供有益借鉴和能力支撑。

二是强化典型带头示范。注重典型引领，持续动员党员干部、团员青年率先垂范，道德模范、身边好人主动融入，大力宣传学习疫情防控志愿服务先进典型和先进事迹，把疫情防控志愿服务的榜样力量转化为居民的生动实践。

三是强化人文关心关爱。扎实推进表扬表彰、走访慰问、文化激励等工作，把关心关爱疫情防控志愿者落到实处。依托政府资源和社会爱心力量，对有困难的疫情防控志愿者给予帮扶援助，营造全民志愿、人人奉献的疫情防控志愿服务良好氛围。

常态化疫情防控任重道远，闵行志愿服务将行而不辍，为奋力夺取疫情防控和经济社会发展双胜利而不断努力！

为文明实践赋能　促志愿服务升温——探索新时代文明实践阵地标准化建设新路径

闵行区新时代文明实践中心

长期以来，闵行区常态化制度化推进新时代文明实践阵地标准化建设，创新带动内涵建设，坚持将阵地标准化建设融入日常、抓在经常。

一、构建“阵地赋能网络”，注入文明实践的源头活水

坚持结合实际、夯实基础，着力在阵地赋能、平台赋能、人员赋能上下功夫，体系化构建文明实践“赋能网络”。**一是调查研究指明方向**。坚持调研先行，通过中心办公室领导带队实地走访、分中心和实践站每月报表、11个重点职能部门服务平台座谈交流相结合的方式广泛开展基层调研，深度掌握基层实情、发现短板、挖掘典型，找准发力点、把握关键点。**二是服务平台提档升级**。聚焦基层工作人员和居民反映较为突出的问题，结合工作实际，对区级新时代文明实践综合服务平台进行全面优化升级，完善功能模块，调整内容布局，推动各级各类优质资源机制化高效化下沉基层阵地，不断提升与市级平台对接的流畅度，提升“五单”操作的精准度，提升平台使用的感受度。**三是精准培训夯基垒台**。为确保线下阵地标准化建设稳步推进、确保优化升级后的线上平台实现高效使用，针对各级基层干部、工作人员、志愿者骨干人员变动较大的现状，推出分层分类指导培训，以全方位赋能网络为文明实践工作注入源头活水。

二、定制“阵地创建指南”，构建内外兼修的阵地网络

坚持对标对表、协同推进，文明实践阵地网络的标准化建设，既是做好

文明实践各项工作、深化内涵建设的基础，也是巩固提升全国文明城区创建品质的重要举措。**一是细化梳理“两标准”**。严格对标，细化梳理最新版《全国文明城区测评指标体系》和《上海市乡镇（街道）新时代文明实践分中心评估标准》，结合闵行实际，串联主线和关键点，标记难点和困惑点，提炼简单易记的创建口诀，形成具有闵行特色的“创建指南”，确保标准解读到位、工作落实到位。**二是因地制宜“出实招”**。为确保“创建指南”能够不折不扣对标落地，区文明实践中心办公室组建专项指导组，全覆盖走访14个分中心，重点走访部分实践站，现场逐个对照检查、座谈交流，就各点位存在的个性化难点问题逐一研讨解决方案、协调相关资源。**三是内外结合“双到位”**。兼顾好“硬指标”和“软实力”的“双到位”，规范常态化管理制度的同时，注重在提升居民、志愿者的参与感和满意度上下功夫，通过问卷调查、问题反馈等方式深化居民家门口的“一站一品”项目培育，让文明实践的活动项目更加精彩、更具活力，不断拓宽文明实践内涵建设路径。

三、培育“示范阵地点位”，打造互鉴互学的交流平台

坚持互鉴互学、与时俱进，围绕“文明实践365 文进万家益起来”，助力筑牢城区软实力的精神内核，通过选树示范典型、搭建交流平台，推动全区新时代文明实践阵地建设能级再上新台阶、实现新突破。**现场观摩实景对标**。兼顾城市社区和传统农村，选取6个不同创建基础、不同类型的文明实践阵地进行标准化提升，将标准实体化，打造“闵行范本”，让各类阵地都可找到学习标杆；召开新时代文明实践阵地标准化建设示范观摩会，通过实地看、听讲解、拎重点、解困惑的方式，将新时代文明实践阵地标准化建设的“规定动作”讲解到位。**互鉴互学双向提升**。依托示范点的建设，以点带面，构建区域内文明实践阵地“学习网”，引导各基层站点自行结对参观交流，提升各类阵地对标升级的精准度，为各单位丰富和深化文明实践“自选动作”开拓视野、提供思路。**优势互补精耕细作**。在共享标准化建设

“金点子”的同时，为推动文明实践志愿服务优质项目、团队资源的跨区域、跨系统联动搭建平台、提供契机，推动新时代文明实践在469个城市社区与83个美丽乡村形成交相辉映、相得益彰的新格局。

文明实践“动起来” 新春佳节“暖起来”——以“五心”志愿服务提升“我们的节日”温度

宝山区新时代文明实践中心

2023年新春佳节期间，宝山区全面贯彻落实党的二十大精神，以“文明实践‘动起来’，新春佳节‘暖起来’”为主题，开展“我们的节日”文明实践“五心”志愿服务活动，营造欢乐祥和、喜庆热烈、文明进步的浓厚节日氛围。

一、信心——唱响时代主旋律

根据宝山区区委宣传部（区文明办）部署，各街镇（园区）、部委办局围绕“党的声音进万家”主题，深入开展党的二十大精神进社区、进园区、进单位主题宣讲活动，累计开展“童心向党·学习党的二十大精神”理论宣讲、“党的声音进万家·我们的节日文艺汇演”等形式多样、线下线下结合的活动近600场。区文明办、区新时代文明实践中心开展“奋进新征程，寄语向未来”征集展示活动，其中“说出你的爱，共祝宝山好”迎新春线上寄语活动共吸引5.4万人次“话家乡、谈变化、送祝福、展未来”。

二、暖心——汇聚关爱大力量

以新春佳节为契机，宝山区广泛开展送温暖献爱心活动和志愿服务关爱行动。区委宣传部、区文明办集中走访慰问17名全国道德模范、全国学雷锋志愿服务“四个100”志愿服务先进典型以及市、区两级精神文明建设先进典型，开展志愿服务先进典型宣传推选和嘉许激励；区残联开展“惠民生、暖民心、促和谐”困难残疾人帮困送温暖活动，为4785名残疾人送上护理用品、年夜饭、慰问卡等；区民政局开展“岁寒情暖 扶危济困”帮困送温暖活动，为423名特困供养人员、困难老人、困境儿童等对象送上帮困物资。各街镇通过各种形式、动员各方面力量做好空巢老人、困境儿童、残疾人、留沪务工人员等特殊群体的关心帮扶志愿服务。

三、开心——传承文化新民俗

宝山区新时代文明实践中心、区志愿服务指导中心策划开展满足群众精神文化需求的志愿服务行动，依托区新时代文明实践中心、12个街镇新时代文明实践分中心、520个新时代文明实践站同步开展2023年“我们的中国梦——文化进万家·全城写春联”文明实践志愿服务活动，区文化文艺志愿队为宝山居民奉上了千余副春联、200多张合家欢“幸福照”。区新时代文明实践中心联合区文旅局开展“红色文艺轻骑兵”元旦新春走基层活动，为700余名社区居民、企业员工、部队官兵送上精彩的文化盛宴。区文旅局依托“一墙美术馆”项目、“宝山美育”云上品牌，推出线上线下展示展览51场（期），覆盖全区12个街镇近50万人次。各街镇广泛开展“暖春过大年”灯会、“巧手制花灯，温暖迎新春”、“送春联 赠窗花”等民俗活动。

四、爱心——志愿服务邻里帮

发挥疫情期间组建起的抗疫“邻里帮”志愿者队伍的示范作用，做好常态化疫情防控有关工作，组织志愿者参与社区疫情防控和医院相关志愿服务，区卫健委招募相关志愿者383名，充实医护工作力量，累计参与志愿服务11897人次。月浦镇新时代文明实践分中心联合社区卫生服务中心，做实“四个一”流程（1个微信群、1条招募令、1次岗前培训、1套服务标准），推进“小锣鼓”社区家庭医生志愿服务项目。春节期间，全区开展疫情防控相关志愿服务项目324个，服务时长超过1万小时。

五、 安心——节庆安全讲文明

宝山区新时代文明实践中心着力培育时代新风新貌，围绕“文明健康过大年”主题，开展移风易俗、爱国卫生等文明实践活动，倡导文明新风。区文明办联合区绿容局、区卫健委等部门发出“移风易俗　文明过年”倡议，开展爱国卫生运动“干干净净过大年”环境清洁行动和“迎新春”道路环境专项整治行动。宝山区“一江一河”小水滴青年志愿服务队在宝山滨江文明实践带开展安全巡逻和烟花残骸清运行动。区委政法委组织发动5675名平安志愿者开展社会面安全隐患排查、烟花爆竹禁燃放宣传动员、点位驻守巡逻检查等活动。各街镇新时代文明实践分中心（站点）开展“清洁家园　喜迎新春”“除旧尘　焕新颜”等1200多场次。

今后，宝山区新时代文明实践中心将把文明实践“五心”志愿服务活动作为一项常态化工作机制，以“信心”“暖心”“开心”“爱心”“安心”等主题实践活动传播新思想、引领新风尚，助力宝山区新时代文明实践中心建设工作高质量可持续发展。

“逢5逢10”常态化文明实践志愿服务主题日 让便民服务“触手可及”

嘉定区新时代文明实践中心

新时代居民的新需求，需要文明实践工作的新探索。嘉定区通过摸排研究，盘点居民志愿服务普遍需求，围绕提供“家门口的志愿服务”，践行“让人民长受益、广受益、多受益”理念，将每月的“逢5逢10”日设置为常态化文明实践志愿服务日，组织新时代文明实践三级阵地常态化开展好志愿服务活动，践行人民城市理念，形成便民服务“触手可及”新常态，不断增强居民的获得感、幸福感、安全感。

每月5日为“缝缝补补日”

每月5日在各级新时代文明实践阵地开展小家电维修、磨刀、衣物缝补、鞋包修理等服务。社区（村居）通过常态化文明实践项目凝聚热心志愿者、社区达人能人组建志愿服务团队，延伸服务点到各小区，让居民裁裤边、改拉链等“芝麻绿豆事”不出小区就能得到解决。同时，还将小区周边的配钥匙修锁、垃圾回收等专业人员的联系方式收集整理，分享给有需求居民。

每月10日为“银发触网日”

每月10日在各级新时代文明实践阵地开展“银发e智慧 乐享新生活”培训，组建“青老结对”志愿服务团队，教老年人使用智能手机、平板电脑、数码相机等设备，通过智能手机进行浏览新闻、微信聊天、视频采编、网上买菜等常见App功能使用，让老年人“智慧无障碍”，体验数字生活新风尚，从“怕网一族”成为“触网一族”。同时，开展反诈宣传等网络安全教育，提高老年人的互联网应用能力和网络风险防范水平。

每月15日为“义务理发日”

为了解决小区老年人理发难的问题，在每月15日“义务理发日”，便民志愿服务队为需要帮助的老年居民提供免费理发服务。结合慰问走访、打扫卫生、安全防范、心理慰藉、特殊关怀等服务，为独居老人、困难老人提供上门理发，引导和鼓励更多的居民志愿者参与陪伴志愿服务，弘扬“尊老、爱老、助老、敬老”的传统美德。疫情期间，志愿服务队在解决老年人“头等大事”的同时，舒缓老年人紧张情绪，普及科学防疫知识。

每月20日为“知音交友日”

为帮助园区企业青年职工丰富业余生活，扩大交友圈，打造“花海寻友·觅知音”系列联谊活动，每月“20日”以“花”为主题，组织企业优秀青年人才开展赏花互动、郊游踏青、素质拓展等文明实践交友活动。通过“知音交友日”凝聚起一批热衷公益、具有奉献精神的白领青年，自发组织起“益友社”志愿服务团队，与属地社区、学校、孤儿院等结对，开展公益捐赠、节日慰问等志愿服务，彰显新时代青春志愿服务风采。

每月25日为“亲子活动日”

每月25日开展父母微课堂、绘本故事、亲子手工、亲职体验等主题活动，打造新时代文明实践“亲子加油站”。父母微课堂中，志愿者与家长共同探讨家庭教育话题，普及科学教育理念；选取适宜亲子互动的绘本故事，通过阅读分享，拉进亲子距离；亲子手工制作在培养孩子动手能力的同时，也让家长和孩子共同体会团队合作的重要意义；孩子通过职业体验，体验

“换位思考”，在实践中培养克服困难的勇气，初步建构自己的职业志趣。

每月 30 日为“健康宣传日”

每月开展“暖心实践　快乐志愿”健康宣传公益集市活动，组织体育指导、医疗健康、心理疏导等专业志愿者提供免费咨询和指导志愿服务，宣传普及健康科学的生活理念。在有条件的新时代文明实践阵地设立文明实践“健康服务站”，开展免费体质监测、体育指导等服务。邀请国家非遗“陆氏针灸”志愿者团队、区心理援助志愿者团队、区职业病预防与康复志愿者团队参与，普及健康自测、疾病预防等健康知识，“家门口就能享受的专家服务”为周边居民津津乐道。

嘉定全区范围内广泛开展的“逢 5 逢 10”活动，让文明实践融入日常、化作经常，真正做到资源高效配置、成果长效实效、经验凝练推广，让居民获得感、幸福感更加长久。让“15 分钟新时代文明实践圈”建设成果可感可知。

汲取精神动力　实现红色传承

金山区新时代文明实践中心

2016年7月1日，一群被称为“金山爱国小先锋”的金山娃，在中国共产党成立95周年纪念日从上海一大纪念馆出发，7年来，追寻着共产党人的初心，跟随革命先辈的红色足迹，循着中国共产党成立、人民军队建立、新中国成立的伟大历程，用坚实的步履，在跨越4省7市，累计行程1.5万多公里的新长征路上，感悟革命精神、培育爱国情怀，以传承红色基因、传播红色文化、弘扬红色精神、讲好红色故事、践行红色文明为己任，写下成长路上的特殊内涵。

一、注重党建引领，以新时代文明实践为抓手，资政育人，丰富未成年人德育内涵

一是擎起党史精神火炬，激活党群资源的爱国主义教育合力。金山区以“迎接建党100周年”为契机，围绕立德树人根本任务，针对未成年人身心成长的特点，遵循意识形态的规律，把党群资源凝成深入开展新时代文明实践，开展革命传统教育和爱国主义教育，厚植未成年人红色基因和爱国意识的教育合力。**二是从初心之地出发，在百年党史中感悟共产党人的精神谱系**。自2016年以来，“金山爱国小先锋”从“党的诞生地”上海出发，从“军旗升起的地方”南昌到“红色革命摇篮”井冈山，从“红色故都”瑞金到古田会议会址，从“红军长征出发地”于都到“红军长征落脚地”延安……在重返历史现场的实践体验中，在“红船精神”“井冈山精神”“苏区精神”“长征精神”“梁家河精神”的学习感悟中，追溯着家国情怀、汲取着精神动力，他们更清晰地认识到，要实现红色传承，必须系牢“红色纽带”。**三是以志愿精神树立正确的价值导向，以好人文化浸润成长的榜样力**

量。金山爱国小先锋以红色记忆档案记录人的身份，对话老红军口述历史，倾听英雄讲述红色故事，为历史见证者留下珍贵的口述红色记忆档案，用这样的志愿服务诠释爱党爱国之情。全国文明家庭龚建强、全国学雷锋志愿服务“四个100”先进典型最美志愿者毛俊等先进典型通过不同形式参与活动，在点滴细节中让好人精神陪伴小先锋成长，感受身边道德模范的力量。

二、突出载体创新，现场引导“五步”培训法，红色研学涵育未成年人家国情怀

一是培训“五步法”，锤炼新时代红色基因传承者队伍。以培育和践行社会主义核心价值观为主线，独创“金山爱国小先锋”中小学英烈事迹宣讲志愿团培训“五步法”，通过“选稿—定型—着色—点睛—展出”等环节，形成专业讲解知识技巧培训、普法课程和现场评比展示相结合的模式，锤炼新时代红色基因传承者队伍。7年来，近千名金山区的中小学生参与金山爱国小先锋遴选，小先锋们将爱国主义教育课程作为开学第一课送进校园，送入小学生爱心暑托班，也走进社区、走进军营开展主题宣讲。**二是重走长征路，砥砺新时代少年爱国心强国志**。2019年8月1日，“追忆红色岁月，继承延安精神”金山爱国小先锋新时代文明实践暑期主题研学在全国青少年延安革命传统教育基地、延安市团校举行了开班仪式，在4天5晚的主题研学过程中，小先锋住窑洞、吃粗粮、穿布鞋、爬山路、雨中行军……真实的感触直击孩子们的心灵，艰苦的环境磨练着少年的成长。在祭拜烈士、慰问老红军战士、徒步宝塔山的体验教学中，在参观革命旧址、寻访梁家河知青旧居、聆听专题讲座的现场教学和情景教学中直击红色历史，感悟革命精神，涵育家国情怀。

三、聚焦党史学习教育，探索红色文化教育模式，红色“云课堂”厚植未成年人红色基因

一是童声颂党恩，红色宣讲送进四级新时代文明实践阵地。将庆祝建党

百年宣传教育和喜迎二十大作为2021、2022年度面向未成年人开展新时代文明实践志愿服务工作的主线，结合“3·5”学雷锋日、我们的节日·清明、六一儿童节等时间节点，组织小先锋走进新时代文明实践分中心、居（村）委会新时代文明实践站和文明实践点（特色阵地），通过开展“学一学党史”“唱一唱红歌”“讲一讲红色故事”“演一演革命经典”“传一传红色声音”“绘一绘红色记忆”“访一访红色基地”的“七个一”系列主题活动，开展“看一看红色寻访纪录片”“讲一讲红色寻访故事”“学一学党代会知识”“唱一唱红色经典歌曲”“演一演红色文艺节目”为主要内容的“五个一”红色宣讲，带领参加活动的中小学生和居（村）民，通过趣味问答的方式学习党史知识，以红色文艺展演唱响歌颂党、歌颂祖国、歌颂新时代的红色主旋律。**二是童心学党史，红色“云课堂”开启线上线下同频学习平台**。2021年清明期间，融合“云领誓”“云课程”“云祭扫”的“金山爱国小先锋”清明主题祭扫新时代文明实践活动，以红色“云课堂”直播方式，首创线上线下同频祭扫、同步学习、同时参观的爱国主义教育和革命传统教育创新模式，将祭扫英烈、党史学习、仪式教育、红色宣讲、红歌传唱、文明祭扫、在线参观与未成年人思政教育相融合，共计2000多人次参与追思致敬英雄烈士。以红色领读人身份带领开展红领巾四史学习红色读书会，在八一建军节前夕举办红色音乐会文明实践活动……一系列以红色为主题文明实践活动，既符合未成年人身心成长特点，又与未成年人思政教育相融合，进一步深化青少年爱国主义教育的整合力，丰富拓展金山区未成年人爱国主义教育校外实践领域，推进爱国主义教育入脑入心入行，增强青少年爱国主义教育的感染力。

“驻松高校联盟”
汇聚新时代文明实践青年力量

松江区新时代文明实践中心

松江区充分挖掘“大学之府”高校集聚的区位优势，积极探索“院校资源互通、地校项目联动、联盟牵头抓总”的新时代文明实践区校联动模式，充分激发大学生参与文明实践志愿服务的热情，让高校成为滋养文明风尚的沃土。

一、聚焦统筹队伍，构建“十校联合”的文明实践高校联盟

一是加强组织领导，成立高校联盟。松江区文明办会同团区委、区志愿者协会，联合区域内上海外国语大学、东华大学、华东政法大学、上海对外经贸大学、上海工程技术大学、上海政法学院、上海立信会计金融学院、上海视觉艺术学院、上海农林职业技术学院、上海立达学院十所高校，成立松江区新时代文明实践驻松高校志愿服务联盟，加强松江各高校之间，以及高校与地方之间志愿服务合作交流、资源共享、信息互通，为高校师生参与文明实践志愿服务创设更多的平台载体，为志愿者提供更多的选择空间，助推松江区新时代文明实践中心建设工作行稳致远。**二是制定联盟章程，规范运行机制**。制定《新时代文明实践驻松高校志愿服务联盟章程》，明确采取轮值方式运作，由轮值单位负责联盟活动的召集和日常运作。每年组织开展联席会议，促进联盟内各成员单位的交流互通。举办青年志愿服务论坛新时代文明实践活动，在展现松江区青年志愿服务力量服务社会发展风采的同时，推进高校志愿服务规范化和制度化。**三是健全队伍体系，激活青年力量**。在驻松高校联盟总队架构下，不断深化校级、院系级志愿服务队伍建设，建成校级队伍 10 支，院系等队伍 177 支，充分发挥大学城师生队伍专业素质强、

人员活力足、创新思维活等群体特征，在进博会、上海马拉松等重大活动中发挥了青年生力军作用。“大上海保卫战”中，松江区启动“青春社区小风帆”青年志愿服务项目，招募到大学生志愿者685名，开展疫苗接种、外语翻译、防控宣传等专项工作，覆盖全区17个街镇398个社区，累计上岗3000余人次，志愿服务时长超10500小时，全面助力筑牢群防群控坚实屏障。

二、聚焦盘活资源，发布“共享联通”的高校文明实践菜单

一是推出一批高校文明实践项目。聚焦理论政策宣讲、助学支教、文化文艺、医疗健身、科学普及、爱老助老、法律服务、扶贫帮困、卫生环保等类别，充分利用和发挥联盟成员学校的志愿服务特色和优质资源，推出东华大学“智力助残”、上海工程技术大学“画笔下的红色传承”、华东政法大学“心系民生　法在上海”、上海视觉艺术学院“红色文创”、上海立信会计金融学院“红色资源数字化”、上海外国语大学“青春‘声’动”、上海政法学院“上政调解员”、上海对外经贸大学“大学生进社区”、上海立达学院“红色舞台”等一批地校合作志愿服务项目。**二是打造一批高校文明实践阵地**。驻松高校各有专长、各富特点，整合联盟高校修身基地、爱教基地等阵地资源，设立上海立信会计金融学院“中国会计博物馆”、东华大学“纺织学院一流学科展示厅”、上海外国语大学“上外世界语言博物馆”等新时代文明实践特色点，通过预约开放等形式，将校园内的优质文明实践资源在更大范围进行共享。**三是提供一批高校志愿服务培训课程**。为提升志愿服务专业化水平，让志愿者在奉献的过程中有更多获得感，联盟各高校在志愿服务培训课程上展开积极的探索和尝试。梳理发布技能培训、通识培训、业务培训三大类20余项课程，所有课程资源将逐步实现校级互通、资源共享，同时为有需求的各新时代文明实践阵地提供开放或配送服务。

三、聚焦活动开展，形成“地校联动”的志愿服务运行机制

一是通过线上平台，实现供需精准对接。充分依托上海市新时代文明实践综合服务市、区两级平台，打通高校文明实践阵地、项目、队伍等各类资源与区内各级新时代文明实践中心、分中心、实践站的供需对接机制，凝聚高校文明实践志愿服务力量，为传统新时代文明实践阵地提供更多、更丰富的资源和项目。**二是依托项目扶持，推进品牌持续培育**。通过松江区新时代文明实践扶持经费，不断加大高校优秀项目培育，持续扶持驻松高校各类文明实践项目，近两年资助 10 所高校 30 余个项目，累计资助 90 余万元。其中多个项目还进一步得到市志愿服务公益基金会的资助，并在全国、市级志愿服务先进典型评选中斩获佳绩（东华大学“智力助残”中国青年志愿服务公益创业赛银奖、上海工程技术大学“画笔下的红色传承”中国青年志愿服务项目大赛铜奖等），为松江志愿服务事业注入高校青年活力。**三是丰富实践活动，推进志愿文化传播**。为进一步营造驻松高校文明实践良好氛围，聚焦大学城区域，广泛开展“公益广告大赛”、“松江三人行”、“青年说”、“文创大赛”等各类文明实践活动，进一步做好学习宣传理论政策、培育践行主流价值、创新开展文明创建、大力弘扬时代新风、丰富精神文化生活、壮大志愿服务队伍的使命任务，激发高校师生参与文明实践志愿服务的热情。

打造“乐教学堂”教育志愿服务共同体

青浦区新时代文明实践中心

在青浦区，有这样一群青年人走到了一起，他们是一群甘愿矢志服务于教育事业的义务工作者，他们致力于无偿地为教育事业的进步贡献自己的力量。2022 年 10 月，青浦区新时代文明实践上善育人志愿服务分队成立。志愿队以全区范围中、小、幼学生以及社区残障人士为服务对象，教师们发挥专业和技能特长，寓教于乐，融学于趣，化教于心，在学校或社区等场所开展内容丰富、特色鲜明、主题积极向上，有益于学生身心发展的送教上门志愿活动。

在成立至今半年时间里，“乐学课堂”志愿队的队员本着利他和慈善精神，用自己的实际行动参与教育公益事业，很好地诠释了奉献友爱互助进步的志愿精神。至 2023 年 4 月已有 10 多所学校的教师加入“乐学课堂”志愿队，参与教师志愿者 130 多人，提供教育志愿服务达 1000 多人次。“乐学课堂”青年志愿队的服务不仅面向教师、学生培训、社区培训，也面向留守儿童假期课业辅导、青少年心理辅导、家庭教育指导、残障人员辅助等，将志愿精神渗透到教育的每一个角落。通过这些活动，对学校教育和课后服务起到有益补充，促进区域教育发展。

一、“乐教学堂”进社区，服务居民我先行

社区志愿服务是“乐学课堂”志愿队的重点项目。如今，志愿队已与 4 个大型社区联合共同开展服务社区居民的活动，并建立了深度的志愿服务合作体系。

近日，在融融春日下，青浦区教育系统乐学课堂送教志愿服务分队来到了盈浦街道阳光之家开展“乐教学堂”进社区活动。课堂上，来自青浦区

青少年活动中心的严志豪老师担任主讲老师，他为大家讲解了肥皂的制作过程及原理。由于这次服务的对象是一群特殊的人群，来自青浦区朵朵幼儿园和青浦区青少年活动中心的9位老师来到活动现场担任助教，学员在助教的指导下利用各种磨具，动手制作各式各样的精美肥皂。这个季节正是流感高发的时期，课程中严老师希望大家养成勤洗手的生活习惯，让勤洗手成为社交文明新风尚，并现场演示了“七步洗手法”。课后志愿队的老师还建议学员将制作完成的肥皂赠送给身边那些需要帮助的人群，引导大家在实际行动中践行雷锋精神，发扬乐于奉献、助人为乐的积极态度。

二、“乐教学堂”进校园，助力“双减”稳落地

为助力学校开展“5+2”课后服务，“乐学课堂”志愿队的队员进一步发挥专业优势，专门开展了“乐学课堂志愿者送教进校园”系列活动，为学校课后服务提供优质教育资源，以满足学生多样化需求。为提高活动的针对性和有效性，志愿服务队与学校主动对接，了解学校需求，为学校定制音乐舞蹈、书画科技等十多门课程。如今，“乐学课堂志愿者送教进校园”系列活动已经发展为志愿服务队的常态化志愿服务项目，志愿者以每月两次以上活动的频次前往青浦区各中小学展开课后服务送教活动，随着越来越多志愿队老师的加入，课程也更加丰富起来。

志愿队中的老师认为，课堂成了学生快乐成长、提升素养的舞台，使学生真正能减负减压，同时也丰富了课后服务内容，让更多孩子共享优质的教育资源。“乐学课堂”志愿队将再接再厉、开拓创新，努力发挥作用，将课后服务工作做深做实。

三、 打造“乐教学堂”教育志愿服务共同体

“乐学课堂”志愿队，依托区教育局的大力支持，拥有大量的优质教育资源，乐学课堂的目标就是做好整合优质教育资源的工作，将优质教育资源

辐射给更多学子，打造“乐教学堂”教育志愿服务共同体。“乐学课堂”志愿队在队员的耕耘下也取得一定的成绩和亮点。

志愿服务项目紧跟时代步伐。“乐学课堂”志愿队积极响应国家号召和“双减”政策，助力提升教育教学质量，培养弥补乡村和社区学校美育艺术科技教育短板等问题的教师教育团队新生志愿力量。

项目可持续性有保障。团队共50多人持有专业资格证书，拥有丰富的科技、艺术教育教学经验，能够在标准化的教育体系下有效运用现代化资源，同时通过校内培训+校外合作+考级检验等方式保障师资的稳定性；与活动基地和学校达成共识，保证志愿活动固定于每周一次，高度同步基础教育节假日安排，拒绝节日志愿、一次性志愿。

志愿服务内容清单化。志愿团队反复打磨，不断修正，形成适合于志愿活动并相对成熟的内容教材和志愿服务清单，设置声乐、绘画、剪纸、摄影、朗诵、模型等多种形式的活动课程，通过艺术与科技的手段营造一种更加积极向上的氛围，引导受益群体感受此种氛围，并潜移默化达成行动上更加积极向上的深层次目标。

管理制度从简化。区别传统冗长的志愿服务机构，“乐学课堂”志愿队缩减管理层级，简化管理形式，采用以各校志愿分队负责人+志愿者服务分中心的管理模式，可以快、准、精地选择各校优质师资力量，并促使活动项目课程成功落地。

志愿者团队仍需要不断地发展，应在不断发现问题的基础上，结合自身组织特点，结合社会发展需要提供服务，打造志愿服务品牌，走规范化管理道路，实现组织的长远发展，为区域教育高质量发展作出更大贡献。

强化部门联动　拓展场域空间
搭建实践圈群　以贤美文化推进
新时代文明实践走深走实、入脑入心

奉贤区新时代文明实践中心

奉贤区紧紧围绕深化拓展新时代文明实践中心建设总目标，注重弘扬区域“贤美文化”，立足于全区新时代文明实践和学雷锋志愿服务工作实际，把部门职责聚合起来、把美育阵地整合起来、把新城建设融合起来，积极推进新时代文明实践理念、项目和行动全覆盖落实、全领域开放、全场景呈现。

一、 强化部门联动，聚合式做大项目的影响力

完善各部门协调联动机制，打通信息渠道、打造交互闭环。围绕九大部门工作实际，聚焦做事、做实、做榜样，实施“99+1”示范站点创建工作①，努力把“单项冠军”打造为“全能冠军”。聚焦年度重点工作主题，统筹推动文明培育、文明实践、文明创建，构筑“统一发布、分工负责、组合实施、费聚事转”的一体化模式，组织开展更具影响力的文明实践和志愿服务活动。**聚力**学习宣传贯彻好党的二十大精神，组织开展“喜迎二十大，八进千讲新思想”理论宣讲系列活动，发动12个部门联动实施，至2023年4月已覆盖全区20余万人次。**聚力**服务全区一线疫情防控工作，联合组建“数字信息化志愿服务队”、“云尚相伴志愿服务队”、“无人机飞手志愿服务队”等志愿服务新生力量，构筑疫情防控坚实屏障。**聚力**完善志愿服务激励

---

① 即9个牵头部门结合各自工作特点，在《区新时代文明实践基层阵地参考目录》中推荐选取特色鲜明、成效明显、群众满意度高的10个新时代文明实践基层阵地予以重点打造，提出自主建设的1个特色阵地，并群策群力赋能区级中心（贤苑）。

嘉许制度，联合体制内外力量，推动线上线下相结合，健全“礼遇青春奉贤”志愿服务礼遇机制，推出“礼遇车位”“礼遇演出”“志愿者足球赛”“礼遇流量”等举措。

年内依托各级各类新时代文明实践阵地已累计开展理论宣讲5300余场，受众近50.3万人次；开展各类文体展示活动7400余场，组织各类志愿者便民服务7900余场，服务居民近117万人次。

二、拓展场域空间，整合式做优项目的品质感

赋能基层，统筹整合新时代文明实践阵地资源。注重社会化动员、品质化推进和系统化设计，让居民在生活方式的变化中感知文明实践，在生活细节的提升中感受文明实践，努力把人民城市理念贯穿在新时代文明实践全过程。**聚合**各类社会组织力量，挖掘各类文化人才资源，在既往美育修身特色阵地的基础上，着眼于城市公共空间和功能空间，把场地和团队全方位对接，把需求和受众放在首位，以共建共享的方式，联合“中体城”“九棵树未来艺术中心”“苏宁影院”等优质资源，组织开展“贤城尚美·与美同行”双百系列展评活动。**聚力**打造百个尚美修身活力圈，建立百个尚美修身魅力场，全力推进尚美修身聚力链，因地制宜推出各具特色的101个“贤美小驿”文明实践特色阵地、93个品牌项目、126支特色团队，把文明实践做到居民身边、做到居民心上、做到居民的生活中，“古风茶韵”“皓心民乐团”“贤语研习社”“小白坞会客厅”等已经成为居民参与新时代文明实践的新场域。

三、搭建实践圈群，融合式做强项目的创新性

按照文明实践“一圈一带一群”建设要求，以“鱼弋新城”为品牌，以上海之鱼周边五个公园、八个“鲁班锁”小木屋为空间载体，重点围绕理论宣讲、志愿交流、文艺文化、健康宣教、科学普及、生态环保、便民服

务、运动健身等内容，打造奉贤新城“上海之鱼”新时代文明实践圈。**盘活各类平台资源**。由区新时代文明实践中心牵头，联合区绿化市容局、区体育局、区文旅局、区团委、区总工会、新城集团、绿文公司、康君阁药业、海国文化等体制内外的相关部门，构建“上海之鱼”文明实践圈交流平台，形成资源互通、阵地共享、项目互动、品牌共建的联动格局。**升级打造品牌项目**。推动“星空下的志愿对话”“志愿星光见面会”“小鱼露营下午茶”“向上自习室”“青年 LAB”“大 K 路跑社区”等社会化、年轻态、专业型、国际范的常态项目和团队陆续入驻，国庆期间的“啡阅生活节”“九棵树爱乐金彩音乐会”等特色活动广受好评相继出圈，郑瑜“拾光”团队的流动宣传车、“贾春雷和他的朋友们”等老牌优秀志愿服务项目在这里焕发新的活力。“鱼弋新城”为居民提供多样性、个性化的新时代文明实践体验，为各级各类新时代文明实践团队搭建展示的舞台，为新城建设提供文明实践新动能。未来，奉贤还计划在奉贤新城推进九棵树艺术生活文明实践圈、CAZ 品质生活文明实践圈、健康生活文明实践圈、城乡融合文明实践群的建设工作。

“小积分”撬动“大文明”
激发文明实践生机与活力

崇明区新时代文明实践中心

崇明区坚定践行“人民城市”理念，充分发挥居民在乡村振兴的主体作用，动员和激励居民积极参与新时代文明实践，实现精神文明和物质文明双提升，在深入调研和充分借鉴的基础上，提出了以“新时代文明实践积分制”为抓手，激发居民内生动力，撬动基层治理，助推乡村振兴的工作思路和方法，让文明实践充满生机和活力。

一、案例背景

崇明区以习近平新时代中国特色社会主义思想为指导，全面贯彻落实党的二十大精神，牢固树立新发展理念，坚持以社会主义核心价值观为引领，将崇明精神品格和花博精神融入新时代文明实践，以新时代文明实践积分为载体，持续深化文明培育、文明实践、文明创建，着力提高居（村）民素质和社会文明程度。注重将社会主义核心价值观、村规民约、移风易俗等文明行为准则具体化、量化，对居民日常文明行为进行分值统计，并根据积分结果给予相应激励或约束，结合社会治理工作实际，因地制宜、突出特色、形成品牌，激发居民参与文明实践的积极性和主动性，打造“有爱心、有特色、有温度”的文明实践共同体。

二、主要做法

（一）量身定制标准，加减赋分导向鲜明

以 1 个中心、18 个分中心、345 个实践站、1000 余个实践点为主阵地，

按照工作有方案、评分有细则、管理有团队、居民有参与、定期有统计、结果有公示、激励有保障等"七个有"标准，围绕人居环境、移风易俗、文明守法、绿色健康、家庭和睦、志愿服务等"六个块"基本内容，将文明实践通过积分制工作落小落细落实。同时，各条线、各区域可因地制宜增减和调整积分项目标准，相应制定遵纪守法、移风易俗负面清单等，也可根据居住地不同类型执行分层分类的评分标准，使新时代文明实践积分指标更接地气、更切实际、更有操作性和针对性。如针对社会治理和文明创建中常见的住宅小区违章搭建、楼道堆物、个体商户占道经营等问题，新海镇制定实施《新海镇关于开展文明居住（经营）积分管理工作的实施意见》，将乱张贴、乱堆物、飞线充电等32项内容列入考评范围，采用专项整治+积分管理的治理模式，以正向激励和反向扣分的形式，帮助居民、商户摒弃不文明行为，养成文明理念。

（二）搭建数字平台，积兑管理便捷高效

依托"一网通办"平台、微信公众号小程序等数字平台搭建积分系统，村（居）民可通过手机在线查看积分规则、积分加减明细、村内排名和可兑换积分。村（居）委会实践点工作人员可在线审核申报积分加分事项。乡镇分中心可查看各村参与率及排名、全镇家庭积分榜等。如，新村乡建立健全乡村治理"积分银行"制度，制定积分银行运行规则，农户所得积分可实时兑换，永不清零，形成各村日常实物兑换、乡级等级"代金券"、公共服务资源"优惠餐"、各类评优评先"优先权"等分层分类的多重积分兑换奖励机制。

（三）协调多方参与，积分运行场景常态常新

经费保障方面，以政府补贴为主、村集体经济组织补充、社会组织捐赠支撑，设立积分制专项基金。如横沙乡创设共享金、自治金、帮扶金、助学金与风尚金等"五福基金"，进一步发挥惠民资金作用为目标导向，创设乡统筹投入、村同步融合的生态基金总盘子，统称为"五福"生态治理基金

(简称“五福基金”)。制定分类使用范围，设定分类评价标准，引领全乡社会共治、良性互动发展。

(四) 试点示范带动，激发文明实践生机与活力

充分发挥先进带动作用，全国文明镇、全国文明村（含历届和正在创建）率先开展积分制试点工作。各乡镇选取上海市文明村、上海市文明小区开展试点工作，在试点的基础上逐步完善积分制工作，不断丰富积分制内容，优化奖励机制，形成全区比学赶超的浓厚氛围。每年年底，区精神文明办通过组织实地观摩、典型展示、座谈交流等形式，总结归纳积分制推进情况。

三、 经验成效

新时代文明实践积分制推行以来，充分激发了居民的内生动力，调动党员干部、居民参与文明实践、助推乡村振兴的积极性、主动性。**一是激发了文明实践活力**。积分制极大激发了居民和志愿者参与文明实践的积极性和主动性，使新时代文明实践中心三级阵地充满生机和活力，实现居民由“要我参与”到“我要参与”的转变，点燃了居民参加基层自治、志愿服务活动的热情。**二是有力助推了乡村振兴**。积分制突出了居民在乡村振兴中的主体作用，提高了村民的主人翁意识，增强了村民内生动力，为推进乡村振兴打下坚实基础，使得产业更加兴旺，环境更加优美，乡风更加文明，治理更加有效，为乡村振兴注入精神动力。

图书在版编目(CIP)数据

上海志愿服务蓝皮书.2023/上海市精神文明建设委员会办公室主编.—上海:上海人民出版社,2023
ISBN 978-7-208-18532-6

Ⅰ.①上… Ⅱ.①上… Ⅲ.①志愿者-社会服务-研究报告-上海-2023 Ⅳ.①D669.3

中国国家版本馆 CIP 数据核字(2023)第 173030 号

责任编辑 罗俊华
封面设计 夏 芳

上海志愿服务蓝皮书(2023)
上海市精神文明建设委员会办公室 主编

出 版 上海人民出版社
(201101 上海市闵行区号景路 159 弄 C 座)
发 行 上海人民出版社发行中心
印 刷 上海盛通时代印刷有限公司
开 本 720×1000 1/16
印 张 10.5
插 页 4
字 数 143,000
版 次 2023 年 10 月第 1 版
印 次 2023 年 10 月第 1 次印刷
ISBN 978-7-208-18532-6/D·4196
定 价 68.00 元